i

ÉXITO

EN LOS ESTADOS UNIDOS

Gary B. Carkin, PhD

DEDICACIÓN

I dedicate this book to my wife and to my students.

AGRADECIMIENTO:

"I would like to thank Professor Frank Gerace for managing the translation of this little book into Spanish.

I hope our work will be useful to Spanish speakers living and studying in the U.S. as well as those coming to the U.S. for the first time. Here's to your success!"

Introducción

Este libro explica cómo afrontar con éxito una cantidad de situaciones que representan un desafío, pero que son necesarias para la supervivencia en los Estados Unidos. Está específicamente destinado a los estudiantes que se preparan para venir a los Estados Unidos y a aquellos que ya se encuentran en el país y que necesitan una guía que los ayude a comunicar sus necesidades y resolver cuestiones básicas de supervivencia.

Teniendo en cuenta este objetivo, el libro no es simplemente un "libro de frases" sino que consiste en una serie de ejercicios que permiten al estudiante ensayar la actividad requerida antes de ponerla en práctica en la vida real. Por lo tanto, este libro puede ser utilizado tanto en una clase fuera de los Estados Unidos como en una clase de Inglés como Segunda Lengua (ESL) en este país, e incluso como una ayuda para el estudio independiente.

1

Se ha utilizado un enfoque muy práctico para las variadas situaciones de la vida real que se incluyen en este manual. Las frases incluidas como necesarias fueron estrictamente limitadas al nivel de supervivencia. Los lectores podrán acceder al sitio WEB:

http://www.InglesParaLatinos.com/IPA.htm que contiene una tabla de todos los sonidos del inglés, palabras muestras representativas, y los símbolos fonéticos correspondientes.

La pronunciación debe tenerse muy en cuenta, ya que aunque muchos estudiantes pueden conocer el lenguaje y vocabulario a utilizar, se encuentran con dificultades al intentar que un hablante nativo los entienda. La frase o párrafo debe repetirse textualmente una y otra vez con la correcta entonación, acentuación e inflexión, ya que el objetivo de este manual es entrenar al estudiante para que realice correctamente un número limitado de actividades, en lugar de ofrecer todas las opciones posibles desde el punto de vista de la gramática, vocabulario y fraseología. La idea es ofrecer al estudiante un método seguro que le permita resolver con éxito cuestiones de supervivencia al comprender el ambiente físico y cultural en el que éstas se desarrollan y las expectativas socio/culturales que suponen. Se espera que la práctica del lenguaje y acciones apropiadas ayuden al estudiante a lograr su objetivo en el mundo real. Por lo tanto, sin más preámbulos, comencemos con la práctica.

Contenidos

En su país p. 11

Documentos
Dinero
Decisiones sobre Vivienda en EUA
Permiso de Conducir
Pasajes
Ropa

Llegada p. 27

Inmigración y Aduana
Equipaje
Vuelos de conexión
El teléfono en el aeropuerto

En la U. p. 27

Si llega tarde al pueblo

Cómo inscribirse en el *College* / Universidad
En el Centro Internacional
En el Centro de Salud
En la Oficina de Alojamientos Estudiantiles
En la Oficina Administrativa y de Pagos
En la Oficina Postal

En el Pueblo p. 99

El Banco
Un apartamento "off campus"
(fuera del campo universitario)

Compras p. 137

Dónde hacer las compras para equipar el apartamento
Dónde comprar alimentos
Dónde comprar ropa
Dónde comprar electrodomésticos

Trámites Varios p. 153

Cómo obtener la tarjeta de seguro social
Cómo inscribirse en los cursos
Visitar a un/a doctor/a o enfermero/a
Cómo obtener el permiso de conducir

El Carro p. 163

Tiempo de esparcimiento p. 171

Viajes y Paseos

Vida Social / Cómo hacer nuevas amistades

Prefacio

Este libro está organizado de acuerdo con lo que los estudiantes de diversas nacionalidades encontrarán a su llegada a los Estados Unidos. Asimismo, los capítulos deberán leerse en orden correlativo ya que éste muy probablemente siga la misma secuencia que tienen los acontecimientos en la vida real. Además, hay cosas que *necesariamente* se harán antes que otras, como inscribirse en la universidad o *college* antes de ir al banco, o conseguir un apartamento antes de conseguir un teléfono. El estudiante que proceda de acuerdo con el orden propuesto en los capítulos de este libro evitará muchos inconvenientes.

Una aclaración relativa a los inconvenientes: se presentarán, sin dudas. No importa que su inglés sea muy bueno, o que crea que habla y entiende muy bien el lenguaje, la primera vez que intente integrarse a una nueva cultura seguramente se enfrentará a problemas. Los expertos en este campo lo llaman "choque cultural". Esté preparado y podrá enfrentarlo mejor.

En definitiva, ¿en qué consiste el choque cultural? Es ese sentimiento de depresión y de querer volver a su hogar que experimenta en algún momento quien intenta vivir en una nueva cultura, antes de establecerse por completo y sentirse "como en casa" en el nuevo entorno. Se produce a partir de la constante necesidad de ocuparse de cosas nuevas, nimiedades en su mayoría, pero que se suman y provocan estrés físico y mental. Por ejemplo, hay que adaptarse a la dieta, y no importa cuán acostumbrado crea estar a la comida "extranjera", en algún punto del proceso empezará a sentirle gusto a pegamento. El cambio de dieta también puede provocar diarreas, o por el contrario, estreñimiento. No se preocupe, es normal, y su cuerpo se acostumbrará a su tiempo. Siga alimentándose.

Posiblemente, tendrá que acostumbrarse también al clima frío. Vístase con prendas abrigadoras, y además use guantes y un sombrero o gorro. Usar sombrero evita que el cuerpo libere calor por la parte superior de la cabeza. En verdad, todos perdemos calor por la cabeza, y taparla con un gorro o sombrero evita esa pérdida. Muchos pequeños detalles que damos por sentado en nuestra propia cultura se convierten en dolores de cabeza en el nuevo entorno: cómo hacer llamados telefónicos, cómo hacernos entender por teléfono, cómo lavar la ropa, cómo hacer un trayecto en autobús, cómo manejar una chequera y pagar todas las cuentas de servicios si rentamos un apartamento. Cómo y cómo: cada vez que hacemos algo, enfrentamos una nueva experiencia de aprendizaje. Así se gastan muchas energías, y es normal que antes de terminar el día nos sintamos agobiados y sin fuerzas. Sin embargo, tenemos que continuar, y por eso nos estresamos física y mentalmente y nos volvemos más irritables.

Empezamos a ver a los otros (los estadounidenses nativos) como los causantes de parte de nuestros problemas, y nos enojamos y descargamos nuestra frustración en ellos. Pensamos: "¿por qué no pueden actuar en forma normal y hacer las cosas como se debe?" "¿por qué se comportan tan raro?". En este punto, quienes sufren de choque cultural a menudo se encierran en sus habitaciones, duermen mucho, y se rodean de personas de su misma cultura para criticar los malos hábitos de los nativos. ¿Qué se puede hacer al respecto?

8

Si desea superar esta etapa con éxito (y es importante que lo haga) intente disminuir su contacto con personas de su propia nacionalidad. Busque, en cambio, personas nativas de la cultura local con quienes iniciar una amistad y a quienes consultarles sobre las cosas de esa cultura que le molestan. De ese modo, hará nuevos amigos y a la vez podrá *estudiar* su cultura, que es lo que le hace falta para lograr una adaptación exitosa. Vaya a lugares que le interesen desde un punto de vista cultural, histórico o sólo como diversión, como discotecas o parques temáticos al estilo Disneylandia. Busque información acerca de sus intereses, sean los automóviles, la pintura o la música. Vea lo que ocurre en esta nueva cultura. Salga a menudo a hacer compras. Mire mucha televisión, películas en vídeo (en inglés), y vaya al cine a ver películas americanas. Concurra a fiestas y trate de hacer vida social con los americanos. Viaje con ellos con la mayor frecuencia posible.

Si evita retraerse, y en lugar de eso participa activamente en la cultura nativa, aprenderá mucho más rápido qué hacer en cada ocasión, qué decir y cómo decirlo. Llegado ese momento, se sentirá tan en casa como en su antiguo hogar, porque sabrá qué se ESPERA de usted y cómo comportarse en consecuencia. Se habrá convertido en una persona bicultural, con la capacidad de desenvolverse con naturalidad tanto en su cultura nativa como en su cultura por adopción. Tal vez la lectura de este libro sea el primer paso en esa dirección. ¡Disfrute el viaje!

PREPARACIÓN EN SU PAÍS

DOCUMENTOS

El primer paso en su aventura en los Estados Unidos es recibir una carta de un *college* o universidad de ese país confirmando su inscripción. Junto con esta carta también recibirá un formulario oficial I-20 de la institución que le otorga la categoría oficial de estudiante extranjero en plan de estudios en los Estados Unidos. Ante todo debe hacer una copia de ese formulario, luego prepare su estado de cuenta bancaria para presentar ante la embajada de los Estados Unidos a fin de tramitar la visa. A través de su estado de cuenta debe estar en condiciones de demostrar que el dinero depositado en el banco cubrirá el arancel de la universidad y los gastos de estadía durante el tiempo que permanezca en los Estados Unidos.

Una vez realizado este trámite, debe dirigirse a la embajada de los Estados Unidos con la documentación que acredite que es estudiante, su pasaporte, y fotos, a fin de solicitar la visa. Debe ir a la ventanilla que le indiquen para obtener la solicitud. El cobro no es fijo sino que puede variar. Debe consultar a los que saben y llevar lo necesario para cubrir gastos. Después de haber pagado la solicitud, debe dar el siguiente paso para que verifiquen su documento. Luego, lo harán pasar y deberá esperar su turno para una entrevista. Después de la entrevista (y confiando en que será aceptado), vaya a la siguiente ventanilla y pague su visa de estudiante. Le informarán que la visa estará lista para ser retirada en dos días.

NOTA: La embajada podría tomar el formulario I-20 y colocarlo en un sobre cerrado y sellado dentro de la tapa trasera de su pasaporte. Los estudiantes pueden separar el sobre del pasaporte, pero NO DEBEN ABRIR el sobre. El formulario I-20 debe permanecer en el sobre cerrado hasta que sea entregado al funcionario de Migración en los Estados Unidos. Recuérdelo, es importante.

U.S. Department of Justice

Immigration and Naturalization Service

Certificate of Eligibility for Nonimmigrant (F-1) Student

Status – For Academic and Language Students *(OMB NO. 1115-0051)*

Please read Instructions on Page 2

This page must be completed and signed in the U.S. by a designated school official.

SEVIS

1. Family Name *(surname)*:

First (given) Name: | Middle Name:

Country of birth: | Date of birth (mo/day/year):

Country of citizenship: | Admission number:

For Immigration Official Use

Student's Copy

2. School (school district) name:

School Official to be notified of student's arrival in U.S. (Name and Title):

School address (include zip code):

School code (including 3-digit suffix, if any) and approval date:
_____ approved on _____

Visa Issuing post | Date Visa Issued

Reinstated, extension granted to:

3. This certificate is issued to the student named above for:

4. Level of education the student is pursuing or will pursue in the United States:

5. The student named above has been accepted for a full course of study at this school, majoring in _____.
The student is expected to report to the school no later than _____ and complete studies not later than _____. The normal length of study is _____ months.

6. English proficiency:

7. This school estimates the student's average costs for an academic term of _____ (up to 12) months to be:
   a. Tuition and fees $ _____
   b. Living expenses $ _____
   c. Expenses of dependents $ _____
   d. Other (specify): $ _____
      Total $ _____

8. This school has information showing the following as the student's means of support, estimated for an academic term of _____ months (Use the same number of months given in item 7).
   a. Student's personal funds $ _____
   b. Funds from this school $ _____
      Specify type:
   c. Funds from another source $ _____
      Specify type:
   d. On-campus employment $ _____
      Total $ _____

9. Remarks: _____
   _____
   _____

10. School Certification: I certify under penalty of perjury that all information provided above in items 1 through 9 was completed before I signed this form and is true and correct; I executed this form in the United States after review and evaluation in the United States by me or other officials of the school of the student's application, transcripts, or other records of courses taken and proof of financial responsibility, which were received at the school prior to the execution of this form; the school has determined that the above named student's qualifications meet all standards for admission to the school; the student will be required to pursue a full course of study as defined by 8 CFR 214.2(f)(6); I am a designated official of the above named school and am authorized to issue this form.

Name of School Official | Signature of Designated School Official | Title | Date Issued | Place Issued (city and state)

11. Student Certification: I have read and agreed to comply with the terms and conditions of my admission and those of any extension of stay as specified on page 2. I certify that all information provided on this form refers specifically to me and is true and correct to the best of my knowledge. I certify that I seek to enter or remain in the United States temporarily, and solely for the purpose of pursuing a full course of study at the school named on page 1 of this form. I also authorize the named school to release any information from my records which is needed by the INS pursuant to 8 CFR 214.3(g) to determine my nonimmigrant status.

Name of Student | Signature of Student | Date

Name of parent or guardian
If student under 18 | Signature of parent or guardian | Address (city) | (State or Province) (Country) | (Date)

Form I-20 A-B (Rev. 04-27-88)N

For Official Use Only
Microfilm Index Number

DINERO

Como parte de los preparativos para su viaje, debe obtener una tarjeta de crédito en dólares, e incluso hasta más importante, una tarjeta ATM para retirar dinero de las cajas automáticas. Además, debería traer un mínimo de entre USD 200 y USD 500 en efectivo para pequeños gastos imprevistos que puedan presentarse durante el viaje o mientras se está instalando en su nuevo ambiente en los Estados Unidos. Los cheques de viajero ya no se emplean tanto como en el pasado. Siguen siendo muy seguros pero además de ser costosos, a veces presentan dificultades al momento de querer girarlos.

Otra forma segura de llevar dinero con usted es por medio de "cheques de gerencia" o "letras bancarias" que puede obtener de un banco de su país pero deben ser libradas contra un banco de Estados Unidos (de lo contrario, el tiempo de compensación requerido será mayor). Puede librarlas contra cualquiera de los bancos grandes de Estados Unidos –Chase, Citibank, etc.

Una de las letras debe cubrir el arancel de la universidad (cursos, alojamiento y pensión, y otros gastos) y su monto debe aproximarse al costo real que se debe pagar. Sería conveniente llevar consigo otra letra bancaria que debería depositarse en una cuenta en un banco en los Estados Unidos para sus propios gastos. (Esto explica por qué se recomienda que sea contra un banco norteamericano; si está librada contra un banco extranjero deberá esperar hasta treinta días para que el cheque sea aceptado.)

Otras formas de pago alternativas que los estudiantes pueden utilizar al iniciar sus trámites son las Ordenes de Pago Internacionales o Giros Postales (en dólares estadounidenses). Además los padres de los alumnos pueden pagar con sus tarjetas de crédito (Visa o Mastercard) directamente a la institución para realizar el pago desde el exterior. La institución a la cual usted asistirá o su representante podrán brindarle mayor información. Además de las opciones arriba mencionadas, tener su propia tarjeta de crédito puede ser muy útil durante las primeras semanas en este país porque le permitirá tener dinero disponible. Si su límite de crédito es suficientemente alto, la mayoría de las instituciones también le permitirán pagar sus cuentas mediante la tarjeta de crédito. Esta es otra alternativa en lugar de la letra bancaria. Sin embargo, en la práctica este método ha resultado menos eficaz ya que a veces se rechaza por algún motivo la tarjeta de crédito y el estudiante se encuentra sin dinero y sin posibilidad de pagar hasta que se solucione el problema. En conclusión, además de las letras bancarias, las órdenes de pago internacionales o los cheques de viajero en dólares constituyen unas formas de pago más rápidas y seguras.

DECIDIR SOBRE LA VIVIENDA

Durante los preparativos de su viaje a los Estados Unidos como estudiante, deberá planificar dónde va a vivir: en el campus universitario o fuera de él. Esto es algo que deben evaluar padres y estudiantes en forma conjunta, especialmente si es la primera vez que el estudiante vivirá lejos de su hogar o si se trata de un estudiante muy joven. En la mayoría de los casos, es altamente aconsejable tratar de reservar vivienda en el campus al menos durante el primer año. Existen tres buenas razones para ello: en

16

primer lugar, vivir en el campus brinda mayor seguridad al estudiante, tanto física como mental. Vivir en la residencia universitaria asegura privacidad y seguridad, y facilita el ir y regresar de clases. Se pueden obtener las comidas en la cafetería y los estudiantes tienen todas las instalaciones de la universidad a su disposición. La segunda razón es de orden social: cuando se vive en el campus resulta más fácil relacionarse con la comunidad estudiantil norteamericana e internacional y esto acelerará el ritmo de adaptación a la nueva cultura. El estudiante podrá cultivar amistades interculturales además de desarrollar intereses extra curriculares y la vida social. La tercera razón es de índole académica: todo estudiante debe pasar largas horas en la biblioteca o en la sala de computación para tener acceso a los servicios que se brindan. Cuando se necesita un libro o un artículo de un periódico, es mejor si ese recurso está a cinco minutos de distancia que a una hora de viaje. La biblioteca también

cuenta con un servicio de recursos audio-visuales útil para hacer presentaciones y las salas de computación ofrecen acceso a Internet como herramienta de investigación.

17

Debido a estas y muchas otras instalaciones, es aconsejable vivir en el campus durante el primer año. Una vez que el estudiante ha tenido la oportunidad de progresar en su manejo de la lengua, de conocer mejor a la comunidad, y ha podido comprar un auto, entonces, quizás, se podría pensar en un departamento fuera del campus universitario como una buena opción.

Si un estudiante decide vivir en el alojamiento ofrecido por la universidad, es importante recordar que el contrato que firma es por DOS SEMESTRES y que queda legalmente obligado a pagar por el uso de las habitaciones durante este período. Generalmente este período se extiende desde septiembre hasta mayo, de modo que los estudiantes deben evaluar cuidadosamente esta opción antes de aceptar el contrato. De todos modos, los *colleges* y universidades se esfuerzan por crear un ambiente cómodo y saludable para el estudiante y es posible solicitar cambio de habitación cuando dos compañeros de cuarto no se llevan bien o si un estudiante no está a gusto a causa del ruido o de las fiestas del otro.

Aun cuando vivir en el campus puede resultar algo más caro, los beneficios son muchos.

Los estudiantes también debe evaluar si prefieren una habitación individual o doble. En la mayoría de las residencias hay muchas más habitaciones dobles que individuales y muchas veces ni siquiera existe la posibilidad de elegir. Las habitaciones dobles son más económicas y brindan mayor oportunidad de socializar. En las residencias más modernas, las habitaciones están diseñadas de tal forma que cada estudiante tiene un cierto grado de privacidad que no ofrecían las residencias más antiguas. Aún así, es necesario amoldarse a otra persona y llegar a un acuerdo en cuanto a hábitos y costumbres. En líneas generales, es bueno tratar de vivir con un compañero/a para hacer nuevos amigos y progresar en el manejo del idioma y conocimiento de la nueva cultura. Se puede hacer el intento y, si no funciona, solicitar cambiar de compañero/a o pasar a una habitación individual.

Además de las posibilidades arriba mencionadas, algunos *colleges* / universidades ofrecen departamentos en el campus a los estudiantes de posgrado. Estos constituyen,

19

sin lugar a dudas, una propuesta muy atractiva, especialmente para los estudiantes casados. Por lo general, son más económicos que las unidades en alquiler fuera del campus y, a la vez que ofrecen proximidad a la universidad y la posibilidad de conocer amigos, aseguran la privacidad que da un departamento. ¡Si el *college* / universidad donde usted asistirá ofrece departamentos, reserve uno sin dudarlo!

Muchos estudiantes viven fuera del campus (ver detalles en p. 105), lo cual les da la posibilidad de una experiencia de vida más independiente. Sin embargo, vivir fuera del campus tiene varios aspectos negativos, especialmente para el estudiante extranjero. El primero de ellos es que el estudiante tiende a aislarse del resto de la comunidad. A menos que viva con una familia, el estudiante compartirá los gastos con un compañero o compañera que seguramente será de su misma nacionalidad. Esto limitará mucho sus posibilidades de progresar en manejo de la lengua y comprender la nueva cultura. Existe el riesgo de que el estudiante concurra a clase y luego regrese al grupo formado por otros de su misma nacionalidad para hacer los trabajos asignados en clase, tener algo de vida social y dormir. ¡No es precisamente lo que llamaríamos una experiencia internacional!

En cambio, cuando viven juntos estudiantes de diferentes nacionalidades, compartiendo los gastos, y hablando la lengua del país de adopción, la experiencia de convivencia puede ser educativa y enriquecedora. Si le interesa vivir en un departamento fuera del campus, asegúrese de formar parte de un grupo multicultural. Tendrá mayores responsabilidades a su cargo: limpiar el departamento, incluida la limpieza de la cocina y lavado de los platos, lavar la ropa, cocinar, sacar las bolsas de basura, pagar los servicios, compartir los gastos por compra de muebles y artefactos domésticos. Pero, en general, podrá disfrutar una muy buena oportunidad de vivir con entera libertad e independencia y, al mismo tiempo, llegar a conocer otras culturas. Quizás podría plantearse este tipo de vivienda DESPUÉS de haber pasado un par de semestres conociendo el nuevo medio y nuevos compañeros. Hasta que esto ocurra, el respaldo que brinda vivir dentro del campus es lo más aconsejable.

PERMISO DE CONDUCIR

En la mayor parte del territorio de los Estados Unidos, fuera de las grandes ciudades no hay buenos sistemas de transporte público. Muchas veces es necesario tener automóvil para poder trasladarse de un lugar a otro. Si piensa manejar, ya sea un auto rentado o el suyo propio, necesitará un permiso internacional. En su país de origen, puede obtener este permiso internacional en el mismo lugar donde obtuvo su licencia de conducir nacional, pero deberá tener una licencia nacional definitiva como paso previo. Una vez obtenido su permiso de conducir definitivo, solicite la licencia de conductor internacional para llevarla a los Estados Unidos. Este permiso internacional lo habilita para conducir dentro del territorio de los Estados Unidos hasta que se haya instalado y tenga una dirección permanente en este país. A partir de ese momento podrá obtener un permiso para conducir en el estado donde ha fijado su residencia. (Más adelante en este libro le explicaremos cómo hacerlo.)

PASAJES AÉREOS

Debe hacer sus reservas de pasajes con bastante anticipación a la fecha de su viaje. Si usted no tiene problema con el e-comercio (la compra/venta de bienes y servicios mediante el internet) podrá investigar los mejores precios y horarios para su viaje a su universidad. Otra forma es ponerse en contacto directamente con la compañía aérea y hacer una reserva para el día y hora que más le convenga. O en cambio, podría recorrer varias agencias en busca de los mejores precios. Existe diferencia de precios entre una agencia y otra, y la mayoría de ellas le ofrecerán precios más bajos que la compañía aérea. Así que recorra y compare

Recuerde preguntar si la universidad donde usted está inscrito tiene un servicio que recoge alumnos en el aeropuerto. Si no cuenta con este servicio, quizás sea una buena idea tratar de llegar durante el día a fin de poder tomar un autobús o un servicio de transporte de pasajeros hasta su destino final. Si su vuelo llega durante la noche y la universidad no recoge estudiantes en el aeropuerto, reserve una habitación en un hotel con suficiente anticipación, desde su país de origen.

Si viaja en un vuelo nocturno, puede hacer una reserva en un hotel próximo al aeropuerto; es probable que el hotel tenga un servicio de transporte que lleve pasajeros desde el aeropuerto hasta el hotel/motel.

VESTIMENTA

El tipo de ropa que deberá traer a los Estados Unidos depende de la región donde usted residirá y de la época del año en que llegue. Algunas regiones, tales como Florida y California, tienen clima cálido, pero en la mayor parte del territorio de los Estados Unidos se necesita ropa apropiada para clima frío, especialmente si llega en el mes de enero. Si llega en septiembre, deberá traer un suéter y una campera liviana; si llega en enero, tenga un suéter a mano para ponerse a su llegada y un saco o campera de abrigo. Es conveniente usar pantalones y, por supuesto, medias calientes y calzado resistente con suela apropiada para caminar en la nieve. No es necesario usar botas pues nunca se deja acumular nieve alrededor del aeropuerto. Un par de zapatos o zapatillas de buena calidad es suficiente. Infórmese a través de la CNN, los periódicos o en Internet acerca de las condiciones meteorológicas de su lugar de destino y tome las medidas que crea conveniente.

Al empacar, no olvide incluir aquellos artículos, tales como medicinas, alguna crema o loción especial, o determinados objetos que sólo se consiguen en su país de origen. Debe incluir, además, pijama, bata, pantuflas, toalla, artículos de tocador, ropa interior, y algunas prendas de ropa, por ejemplo, camisas o blusas, pantalones, o vestidos. El resto puede comprarlo a su llegada a los Estados Unidos.

La excepción a estas recomendaciones sería el caso de aquellos estudiantes que tengan una talla de ropa excepcionalmente grande o pequeña. En los Estados Unidos toda la ropa es de confección y las medidas corresponden al tamaño estándar europeo. Si usted usa una talla muy pequeña, quizás prefiera traer ropa hecha a medida desde su país de origen.

Además de los artículos para su propio uso, es una buena idea traer algunos objetos o adornos típicos de su país en caso de que se le pidiera que muestre aspectos característicos de la cultura de su país. Puede ser banderas, fotos, trajes típicos, toda clase de objetos sirve para este tipo de presentaciones. Le aconsejamos, pues, concentrarse en aquellas cosas que únicamente se consiguen en su país.

LLEGADA

Los visitantes extranjeros en los EUA que llegan vía aérea o marítima, ya no tienen que completar el formulario I-94 (Registro de Entrada/Salida) del CBP (Departamento de Aduanas y Protección Fronteriza), ni el Visa Waiver, el formulario I-94W (Exención De Visa Para No Inmigrantes). . Sin embargo, parece que algunas líneas aéreas siguen distribuyendo estos formularios en el avión.

Estos formularios son útiles para aquellas personas que tienen que demostrar estado jurídico/legal de visitante -a empleadores, escuelas, universidades o agencias gubernamentales. Estas personas pueden acceder al CBP a su llegada/salida para pedir la información de su registro en línea.

The Customs and Border Protection agency (CBP) ahora recopila información de los viajeros de llegada/salida automáticamente de sus registros por intermedio del Formulario OMB 1115 0.077, mejor conocido como el Formulario I-94 de ingreso. Este formulario recoge el número de pasaporte, línea aérea y número de vuelo, país de origen, lugar y fecha en que se expidió la visa, y la dirección donde va a residir en los Estados Unidos. Los estudiantes deberán ingresar la dirección de su universidad o la universidad. El conocerlos con anticipación le ayudará vencer el nerviosismo en el momento de la verdad.

Debido a que la información anticipada sólo se transmite a los viajeros aéreos y marítimos, el CBP entrega un formulario I-94 en papel en los puertos de entrada terrestres. Este dato interesa sólo a los estudiantes entrando por tierra de México o de Canadá.

A su llegada, los oficiales de CBP pondrán unos sellos al documento de viaje de cada viajero no inmigrante con la fecha de ingreso, la clase de ingreso, y la fecha límite de su estadía.

Al salir de los EUA, los viajeros tienen que entregar el documento de la forma I-94 a la empresa transportista o al CBP a la salida. De lo contrario, el CBP registrará la salida electrónicamente a través de la información del manifiesto proporcionado por el transportista o por el CBP.

Esta automatización agiliza el proceso de entrada para los viajeros, facilita la seguridad y reduce los costos federales. El Departamento de CBP estima que el proceso automatizado ahorrará a la agencia $15.5 millones al año.

U.S Department of Justice
Immigration and Naturalization Service

OMB No. 1115-0077

Admission Number

Welcome to the United States

I-94 Arrival/Departure Record - Instructions

This form must be completed by all persons except U.S.Citizens, returning resident aliens, aliens with immigrant visas, and Canadian Citizens visiting or in transit.

Type or print legibly with pen in ALL CAPITAL LETTERS. Use English. Do not write on the back of this form.

This form is in two parts. Please complete both the Arrival Record (Items 1 through 13) and the Departure Record (Items 14 through 17).

When all items are completed, present this form to the U.S. Immigration and Naturalization Service Inspector.

Item 7 - If you are entering the United States by land, enter **LAND** in this space. If you are entering the United States by ship, enter **SEA** in this space.

Form I-94 (04/06/00)Y

OMB No. 1115-0077

Admission Number

I-94
Arrival Record

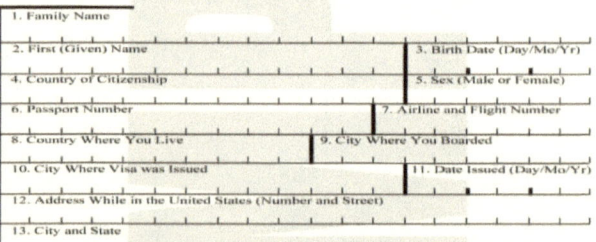

1. Family Name

2. First (Given) Name

3. Birth Date (Day/Mo/Yr)

4. Country of Citizenship

5. Sex (Male or Female)

6. Passport Number

7. Airline and Flight Number

8. Country Where You Live

9. City Where You Boarded

10. City Where Visa was Issued

11. Date Issued (Day/Mo/Yr)

12. Address While in the United States (Number and Street)

13. City and State

Authority
The authority to collect this information is contained in Title 8 of the United States Code.

Paperwork Reduction Act Notice. A person is not required to respond to a collection of information unless it displays a currently valid OMB control number. The estimated average time to complete and file this application is 4 minutes per application. If you have comments regarding this form, you can write to the Immigration and Naturalization Service, HQPDI, 425 I Street N.W., Room 4307r, Washington DC 20536; OMB No. 1115-0077. **DO NOT MAIL YOUR COMPLETED APPLICATION TO THIS ADDRESS.**

Departure Number

OMB No. 1115-0077

I-94
Departure Record

14. Family Name

15. First (Given) Name

16. Birth Date (Day/Mo/Yr)

17. Country of Citizenship

See Other Side

STAPLE HERE

30

LLEGADA (continuación)

Lo más probable es que llegue a los Estados Unidos por avión, y que al acercarse al punto de aterrizaje, experimente una oleada de excitación al ver las luces del aeropuerto de Nueva York, Los Ángeles, Miami, Chicago o Boston a corta distancia, y de nervios por desconfiar de su dominio del inglés. Utilice este aporte de adrenalina para arremeter la siguiente tarea a mano, que será superar la aduana y el servicio de inmigración.

Cuando llegan por primera vez en los EUA, a menudo mucha gente tiene miedo de utilizar su limitado Inglés. ¡No sea así! Sea cual sea su habilidad en el idioma inglés, use lo que tiene. Va a encontrar que los estadounidenses están encantados de ayudarle con su inglés. Por lo tanto, trate de mantener una conversación en todas partes donde sea posible: en diferentes grupos, alrededor del campus, con la gente cerca de donde vive. Va a encontrar un montón de cosas interesantes que suceden a su alrededor. No tenga miedo de involucrarse en la escuela, universidad o actividades locales de la ciudad. Así aprenderá no sólo el inglés, sino la cultura estadounidense.

Antes de nada felicítese por hablar español. Tiene la gran ventaja que en todos los aeropuertos de Estados Unidos si encuentra alguna dificultad, encontrará personas que le

31

pueden ayudar en su idioma. De hecho en Miami y Nueva York hay tantos hispanohablantes que se dice que es más difícil encontrar gente que habla inglés. Claro es una exageración jocosa pero vale para se sienta sin miedo al llegar a los Estados Unidos.

Los pasos que seguirá al descender del avión depende de su puerto de entrada. Probablemente pase primero por un punto de inspección de sus documentos seguido de una inspección aduanera.

Pero últimamente podría ser que irá directamente a unos "kioscos" automatizados en los cuales seguirá instrucciones sobre la manera de introducir su pasaporte para que registre los datos de su llegada y de donde recibirá un papel que presentará al agente de inmigración,

Pero en vista de la habilitación incompleta del sistema de kioscos, veamos los documentos y el proceso del sistema "antiguo". Los documentos requeridos antes:

Declaración de Aduana:

El primer formulario era el formulario 6059 B que es la DECLARACIÓN ADUANERA, que simplemente requiere hacer un listado de los artículos que se ingresen como obsequio o que sean muestras comerciales (para hacer negocios). La mayor parte de los estudiantes no deberá preocuparse por este listado, a no ser que tengan consigo regalos comprados fuera de los Estados Unidos por un valor total de más de USD 100. En ese caso, deberán declararlos junto con su precio, y pagar el 10% del valor como tasa de aduana.

Los estudiantes no podrán ingresar a través de la aduana frutas, plantas, carnes o seres animados. Si llevan consigo moneda o instrumentos monetarios (como cheques) por más de USD 10.000 deberán declararlo de acuerdo con el artículo número 10.

U.S. Customs and Border Protection

Customs Declaration

19 CFR 122.27, 148.12, 148.13, 148.110,148.111, 1498; 31 CFR 5316

FORM APPROVED
OMB NO. 1651-0009

Each arriving traveler or responsible family member must provide the following information (only ONE written declaration per family is required):

1. Family **Name**

   First *(Given)*   Middle

2. **Birth date**   Day   Month   Year

3. Number of **Family members** traveling with you

4. (a) U.S. Street **Address** (hotel name/destination)

   (b) City   (c) State

5. **Passport issued by** (country)

6. **Passport number**

7. Country of **Residence**

8. **Countries visited** on this trip prior to U.S. arrival

9. **Airline/Flight No. or Vessel Name**

10. The primary purpose of this trip is **business**:   Yes   No

11. I am (We are) bringing

    (a) fruits, vegetables, plants, seeds, food, insects: Yes   No

    (b) meats, animals, animal/wildlife products: Yes   No

    (c) disease agents, cell cultures, snails: Yes   No

    (d) soil or have been on a farm/ranch/pasture: Yes   No

12. I have (We have) been in close proximity of (such as touching or handling) **livestock**:   Yes   No

13. I am (We are) carrying **currency or monetary instruments** over $10,000 U.S. or foreign equivalent: Yes   No (see definition of monetary instruments on reverse)

14. I have (We have) **commercial merchandise**:   Yes   No (articles for sale, samples used for soliciting orders, or goods that are not considered personal effects)

15. **Residents** — the **total value of all goods**, including commercial merchandise I/we have purchased or acquired abroad, (including gifts for someone else, but not items mailed to the U.S.) and am/are bringing to the U.S. is: $

    Visitors — the **total value of all articles** that will remain in the U.S., including commercial merchandise is: $

Read the instructions on the back of this form. Space is provided to list all the items you must declare.

I HAVE READ THE IMPORTANT INFORMATION ON THE REVERSE SIDE OF THIS FORM AND HAVE MADE A TRUTHFUL DECLARATION.

X_____

   (Signature)   Date (day/month/year)

For Official Use Only

CBP Form 6059B (01/04)

En el caso de llegar a un aereopuerto que ha implementado el sistema automatizado,   no tendrá que llenar ningún documento puesto que todo lo necesario para procesar su llegada se registrará automáticamente en los kioscos.

Siga la flecha hasta el área siguiente con el recibo del kiosco y su pasaporte en la mano. Espere en la fila y cuando llegue su turno entréguele al oficial su pasaporte y los formularios correspondientes.

Una vez en los EUA, estará bajo la jurisdicción de los USCIS (United States Customs and Immigration Service), parte del Departamento de Seguridad Nacional (DHS), que tiene poderes dictatoriales que se han descrito como agresivo, brusco, severo e intimidante, aunque dicen que "te tratan de una manera cortés".

Usted debe contestar a todas las preguntas formuladas de una manera directa y cortés, no importa lo personal o irrelevante que usted crea que son. Nunca vale antagonizar a los funcionarios de inmigración, poniendo en duda la pertinencia de ciertas preguntas.

Desde finales de 2004, los 280 millones de extranjeros que llegan a los EUA cada año han dejado las huellas digitales y han sido fotografiados, incluso los que llegan bajo el Programa de Exención de Visa. Hasta la fecha, sólo toman huellas dactilares de sus dos dedos índices, aunque hay planes para tomar huellas de los diez dedos y pulgares. Se hace uso de un dispositivo de escaneo digital (sin tinta) y la foto se toma con una cámara digital. Se afirmó que tarda sólo 15 a 20 segundos, pero si hay algún problema puede tomar mucho más tiempo - por no hablar de la espera interminable en la cola. Los controles de seguridad y los retrasos han llevado a una caída considerable en el número de visitantes, que muchos temen se incrementará si hay más retrasos y "acoso".

Los Servicios de Inmigración en los EUA

Los funcionarios de inmigración de Estados Unidos están entrenados para sospechar que todo el que no tiene el derecho a vivir y trabajar en los EUA es un potencial inmigrante ilegal. (La mayoría de los estadounidenses creen que, dada una elección, cualquier persona con sentido común no desearía vivir en cualquier otro lugar que en los EUA.) Los ciudadanos de algunos países

36

pueden ser señalados de tener un "tratamiento especial", por ejemplo, personas de un país que es hostil hacia los EUA, juzgado de albergar a terroristas o que tiene una reputación de tener ciudadanos que son inmigrantes ilegales.

Es un hecho lamentable de la vida que muchos funcionarios de inmigración (como la mayoría de la gente) tienen prejuicios contra determinados grupos. Si usted es blanco, de habla Inglés, elegantemente vestido, sobrio y cortés, le irá mucho mejor que un bohemio negro que no habla Inglés.

Los funcionarios de inmigración tienen la tarea de decidir si está autorizado a entrar a los EUAeua y si tiene la documentación requerida, incluyendo una visa si es necesario.

Sin embargo aún con una visa, usted no tiene derecho a entrar en los EUA. Sólo el oficial de inmigración puede autorizar la visa aunque ya ha pagado por la solicitud en su país. Además depende del oficial de inmigración el tiempo que usted está autorizado a permanecer también, con independencia de la duración de su visa válida. Si el oficial cree que usted podría participar en actividades ilegales, por ejemplo, el empleo prohibido de los términos de su visa, él puede negarse a admitirlo.

Usted también debe tener todos los documentos o cartas a mano que apoyen el motivo de su visita a los EUA.

Probablemente no entra como residente permanente, sino como estudiante. Si entrara a los EUA con una visa de inmigrante, su pasaporte estaría estampado para demostrar que usted es un residente permanente y que está autorizado a viajar al extranjero y volver a entrar a los EUA. Muestre este sello en el pasaporte hasta que reciba su tarjeta de residencia, que usted recibirá por correo un par de meses más tarde.

Algunos visitantes pueden encontrarse bajo estrecha vigilancia, pues la gente con la intención de vivir o trabajar ilegalmente en los EUA comúnmente entran al país en calidad de turistas, aunque la mayoría de las personas son admitidas con pocas formalidades. Sin embargo, si el oficial de inmigración sospecha que usted no dice la verdad, él puede buscar su equipaje; leer y/o fotocopiar cualquier material escrito o impreso, incluyendo cartas personales; realizar una búsqueda de su persona, incluyendo un registro al desnudo; arrestar o detenerlo; o prohibir que entre a los EUA (pero si tiene una visa, usted tiene el derecho de apelar y conseguir la libertad condicional en los EUA con la obligación de presentarse a una audiencia futuro.)

Si la revisión de su persona o de equipaje resulta en evidencia que contradice el propósito declarado de su visita o su estatus de visa, por ejemplo: evidencias que usted planea trabajar, como sus referencias y currículum; cartas de empresas estadounidenses o las agencias de empleo que le ofrece el empleo; cartas de amigos que trabajan ilegalmente en los EUA; herramientas de su oficio; o cualquier otra cosa que sugiera que puede buscar trabajo de manera ilegal, etc., por cualquiera de estos causantes usted puede ser excluido.

Si usted planea visitar los EUA antes de solicitar un trabajo o una visa de inmigrante o no inmigrante, usted debe enviar por correo todos los documentos que pueda necesitar, por ejemplo, a un amigo o a usted mismo a cargo de una oficina de correos, en lugar de llevarlos con usted. Una búsqueda detallada de su equipaje y persona es extremadamente rara (particularmente un registro al desnudo).

El grado de cuestionamiento a que está sujeto puede depender de muchas cosas, como su nacionalidad; la documentación que tenga o no tenga que puede proporcionar el apoyo a la razón de su visita; la cantidad de dinero que tiene; si usted tiene amigos o familiares en los EUA que puedan apoyarlo; si usted tiene un billete de vuelta a su país, y su edad y aspecto físico.

Tenga mucho cuidado de cómo responder a preguntas aparentemente inocentes de las autoridades de inmigración, ya que podrían negarle la entrada si les da respuestas incriminatorias (no se olvide: los funcionarios de inmigración no hacen preguntas inocentes). Digan lo que digan, usted no puede permanecer en los EUA por más que el período permitido o para un fin distinto de aquel para el cual usted ha sido concedido el permiso. Si usted está señalado para el examen más detenido, su pasaporte y otros documentos pueden ser colocados en una carpeta especial y se le pedirá que vaya a una sala de espera aparte para una entrevista más profunda.

Si entra a los EUA de ciertos países, es posible que se requiera tener los certificados de vacunación. Compruebe los requisitos de antemano en una embajada o consulado antes de viajar. Un oficial de inmigración puede decidir enviarle una revisión de rutina (y al azar) de salud, antes de que le permita ingresar a los EUA. Pasar por la inmigración durante un período de intensa actividad puede tomar un número de horas, por lo que deben estar preparado y tomar consigo un libro grueso o media docena de periódicos.

Entre los puntos más notorios de los retrasos de entrada son los aeropuertos JFK de Nueva York y Miami. Las colas de inmigración son más cortas en los aeropuertos más pequeños, sin embargo puede ser que usted tenga pocas opciones de punto de entrada. El sitio web de la CBP (Customs and Border Protection) tiene tablas de tiempos promedios de espera para los principales cruces fronterizos y aeropuertos de entrada en los EUA. (www.cbp.gov).

Después de pasar por la revisión y estampado de pasaporte, usted pasará a recoger su equipaje. Puede ser que tenga que traerlo para pasar por aduana o podría ser que se le indique que lo recoja del carrusel de maletas sin más para que salga del aeropuerto para seguir su camino hacia su destino.

Baggage Claim (Recepción de Equipaje)

Siempre cuesta un poco — hasta para los nativos — encontrar el lugar a donde va a llegar el equipaje de su vuelo. Pero con los letreros y la ayuda de los otros viajeros, encontrará el lugar correcto. Recoja su maleta del carrusel. Si tiene mucho equipaje, consiga un carrito porta-equipaje. (Debe tener consigo algunos dólares de corte menor para rentar el carrito). Luego, siga los letreros hasta la aduana y haga la fila para la inspección aduanera.

Aduana

En la aduana, el oficial de aduanas le pedirá sus documentos, y tal vez le pida que abra sus maletas. Pueden preguntarle si está ingresando al país con frutas, vegetales, u otro artículo *perishable* (perecedero). Asegúrese de no incluir artículos de este tipo en su equipaje. El oficial de aduanas puede preguntarle también dónde residirá en los

42

Estados Unidos. Deberá responder: *I will be studying at* (nombre del *college* o universidad) *for* (el tiempo previsto). Lo más probable es que a continuación el oficial de aduanas le diga *"OK"* para que pueda continuar.

Al salir de la aduana, su próximo paso depende de su destino.

¿Ha llegado a su destino?

En caso de que se quede en la ciudad a donde ha llegado, por ejemplo Nueva York, San Francisco, o en otra ciudad de ingreso al país- siga el cartel que indica *EXIT*.

Llegará a un espacio grande muy concurrido con amigos y familiares que reciben a algunos de los viajeros. Si tiene suerte y había hecho planes para que lo reciban a su llegada, aquí lo recibirán.

En cambio, y lo más probable, si llega sin que le ayuden, tiene que arreglárselas sin ayuda. Tendrá que buscar la forma de llegar a su universidad.

Primero, busque un puesto de información. Le dirán si hay transporte público a su destino o si tendrá que ir en taxi. Averigüe bien todo sobre la forma de pagar por el viaje: si es con un precio estándar, o con un precio acordado entre el chófer y el pasajero, o si es con taxímetro. Esto es muy importante. Si es verdad que en todas partes se cuecen habas, también es verdad que en todas partes se engaña al forastero.

¿Tiene que subir a otro vuelo?

Si es posible encaminar su equipaje a su destino final, es preferible. Muchas veces el tiempo entre vuelos es corto y es muy difícil recoger el equipaje para luego entregarlo para el siguiente tramo de su viaje.

En cambio, si ha de seguir hasta otra ciudad de destino busque el lugar donde tiene que dejar su equipaje *para su vuelo de enlace (Connecting Flights)*.

De ahí, llegará al lugar para dejar su equipaje para su vuelo en tránsito. Entréguele su equipaje al personal para asegurarse de que llegue a su lugar de destino. Confirme

44

el número de *Gate (puerta de salida)*, la hora de partida del vuelo, y el *terminal* de embarque.

Asegúrese de averiguar de cuál terminal sale su vuelo. El número del terminal y la puerta de embarque se indicará en un banco de monitores que anuncian el horario (los *departure times)* de los vuelos. Tenga en cuenta que a veces las distancias entre las puertas de embarque son muy grandes.

Siga los carteles hasta el número de puerta que corresponda a su vuelo. *En este punto es fácil confundirse. ¡Asegúrese de conocer el número de puerta para su próximo vuelo!*

A continuación siga las flechas. En el camino puede encontrar un *Foreign Money Exchange.* Si no lleva consigo *currency* (dinero) de los Estados Unidos (necesita disponer de alrededor de USD 200 en efectivo), este es un buen momento para cambiar moneda de su país de origen por moneda de los Estados Unidos o para cambiar cheques de viajero por efectivo. Deberá decir: *I want to change some currency. Can you change this into dollars? Estos lugares suelen cobrar una tasa muy alta para el cambio. Es mejor cambiar sólo lo necesario hasta llegar a su banco.*

Después de cambiar su dinero, diríjase a la *Departure Terminal*. En ese lugar verá un *monitor* (una pantalla como de televisión) que informa: Número de Vuelo / Ciudad / Horario.

Los monitores indican tanto los horarios de llegada como los de partida. Siéntese cerca de su número de puerta, para poder oír la información acerca de su vuelo. Puede resultar dificultoso oír con claridad. Tenga a mano su pase a bordo (*boarding pass*).

EJERCICIO 1: VOCABULARIO: Busque en el diccionario las palabras que no conoce. Escriba el significado y la pronunciación. (Respuestas al final de esta sección)

baggage cart
customs
immigration

46

arrival port

baggage claim

customs booth

arrow

passport

valid

REPASO 2: (Respuestas al final de esta sección)

    a. ¿Qué debe hacer en el aeropuerto después de descender del avión

    b. ¿Qué debe hacer en el puesto de aduana?

    c. ¿Para qué necesita dinero de los Estados Unidos después de pasar la Oficina para el Servicio de Inmigración y Naturalización de los Estados Unidos?

EJERCICIO 3: Vocabulario (Respuestas al final de esta sección)

perishable

items

staying (Where are you staying?)

47

flight

baggage pick up

ongoing flight

gate

terminal

escalator

connecting flight, or continuing flight

monitor

departure times

REPASO 4: Responda: Respuestas al final de esta sección

    a.   ¿Qué le preguntará el oficial de aduana?
    b.   ¿Qué debe responderle al oficial de aduana?
    c.   ¿Qué ocurrirá en Baggage Pick Up?
    d.   ¿Qué encontrará en otra parte de los terminales?

EJERCICIO 5: Vocabulario Respuestas al final de esta sección

foreign money exchange

currency

departure terminal

arrivals

departures

boarding pass

REPASO 6: Responda: (Respuestas al final de esta sección)

    a.   ¿Cuánto dinero (en dólares) debe tener consigo?
    b.   ¿Dónde debe ir después de cambiar dinero?
    c.   ¿Qué deberá tener a mano para abordar el siguiente vuelo?
    d.   ¿Qué hace si ha llegado a su lugar destino?
    e.   ¿Qué hace si va coger otro vuelo?

49

LLEGADA (continuación)

A continuación encontrará las respuestas que corresponden a los Ejercicios 1- 6 del capítulo "Llegada":

Respuestas EJERCICIO 1:

baggage cart: (a veces llamado "Smart Kart") un carrito porta-equipaje que lo ayuda a llevar su equipaje dentro del aeropuerto y hasta una cierta distancia fuera de él.

customs: "aduana" es el nombre del organismo de gobierno ante el cual deben presentar su equipaje todos los pasajeros que ingresan a los Estados Unidos (lo mismo que a cualquier otro país). Esto le permite al gobierno asegurarse de que no se están introduciendo en el país mercancías ilegales por contrabando.

immigration: así como la aduana controla las mercancías que ingresan en el país, el servicio de "immigration" controla a las personas: por cuánto tiempo permanecerán en el país, dónde residirán, y que harán mientras estén en los Estados Unidos. En su caso, esta información será provista por su visa y el formulario I-20 para su universidad, junto con el formulario OMB 1115-0077 que habrá rellenado momentos antes.

arrival port: su "puerto de ingreso" es la puerta de entrada que utilice para ingresar al edificio del aeropuerto desde su línea aérea.

baggage claim: este es el área donde recogerá su equipaje cuando baje del avión.

customs booth: es el área donde se encuentra el agente de aduana que va a controlar su equipaje. Deberá hacer una fila hasta que llegue su turno, y entonces le entregará al agente aduanero el formulario 6059B que habrá rellenado en el avión antes del aterrizaje si ahí se le ha dado copia..

arrow: flecha.

passport: Pasaporte, el documento que indica cuál es su país de origen y otros datos personales. Es muy importante y deberá tenerlo siempre consigo o dejarlo en un lugar muy seguro.

valid: "válido" significa utilizable, apropiado, correcto.

Respuestas EJERCICIO 2:

a. *¿Qué debe hacer en el aeropuerto después de descender del avión?*

Debo tener mi pasaporte, la Declaración de Aduana (6059B) y el formulario de Inmigración y Naturalización (OMB 1115-0077) listos para mostrar a los oficiales. Al bajar voy a buscar los carteles que indiquen el sector de Aduana (Customs) y el sector de Inmigración (Immigration). Voy a seguir la flecha hasta donde reclamar mi Equipaje, y luego voy a seguir la señal para Control de Pasaportes Internacionales. Voy a hacer la fila y esperar. Cuando llegue mi turno, voy a entregarle mi pasaporte al oficial de inmigración. El oficial puede preguntarme por cuánto tiempo pienso permanecer en los Estados Unidos. Yo le diré el tiempo estimado de permanencia (que debe figurar en el formulario I-20 y en la visa).

Si viene para estudiar inglés asegúrese de prever un tiempo extra para su capacitación en idioma inglés si su puntaje de TOEFL no llega a 550. La mayoría de los estudiantes es capaz de avanzar de a 50 puntos de TOEFL por semestre, así que si su puntaje es de alrededor de 400, deberá considerar al menos un año para progresar en su dominio de la lengua inglesa. Añádalo al plan de estudios habitual: cuatro años para el primer título universitario y dos años para los cursos de posgrado).

El oficial de migraciones también podrá preguntar si es mi primera vez en los Estados Unidos, y contestaré como corresponda.

b. ¿Qué debe hacer en el puesto de aduana?

Le mostraré al oficial aduanero mi Formulario de Declaración de Aduana. El oficial podrá preguntarme si tengo algún artículo perecedero (comestibles que pueden echarse a perder o plantas y animales vivos que pueden perecer).

c. ¿Para qué necesita dinero de los Estados Unidos después de pasar la Oficina para el Servicio de

Inmigración y Naturalización de los Estados Unidos?

Necesito algunas monedas para pagar la renta del Smart Cart, que es un carrito para llevar mis maletas. (A diferencia de otros aeropuertos del mundo, en la mayor parte de los aeropuertos de los Estados Unidos los carritos porta-equipaje deben ser rentados. El precio aumenta de tanto en tanto, así que asegúrese de tener preparados al menos USD 2 en cambio).

EJERCICIO 3: Respuestas

perishable: de poca duración, con tendencia a arruinarse o perecer.

items: artículos, cosas.

staying: estar residiendo en un lugar por algún tiempo.

flight: el vuelo en el que está llegando. Generalmente tiene una numeración relacionada con la línea aérea.

baggage pick up: el área a donde llegan sus maletas al salir del avión. Aquí deberá recoger sus maletas.

ongoing flight: el avión al que deberá subir a continuación para llegar a su destino.

gate: la puerta a través de la cual abordará el avión.

terminal: una gran área en la cual las líneas aéreas tienen sus mostradores para vender boletos aéreos, verificar los datos de los pasajeros que van a embarcar en sus aviones y controlar su equipaje, o recibir a pasajeros de tránsito y su equipaje. Habitualmente hay una terminal de llegadas y una de partidas, además de diferentes edificios (Terminal A, Terminal B, etc.) para vuelos domésticos y otra para vuelos internacionales.

A menudo, las zonas de llegadas y de partidas se encuentran en diferentes pisos.

escalator: una escalera mecánica.

connecting flight: el avión que lo llevará a su próximo destino.

55

monitor: una pantalla de TV ubicada en una terminal aérea para que los pasajeros vean los horarios de llegada y de partida de los vuelos, los números de puerta, y el estado del vuelo, por ejemplo, en embarque, en espera, o por arribar.

departure time: la hora en que un vuelo parte del aeropuerto.

EJERCICIO 4: Respuestas

a. *¿Qué le va a preguntar el oficial de aduana?*

El oficial de aduana me preguntará sobre mis maletas y si he comprado algo en el exterior.

b. *¿Qué debe decirle al oficial de aduana?*

Debo decirle que tengo obsequios por un valor menor a USD 100, si ése es su verdadero valor. De lo contrario, debo declarar los artículos por encima de ese valor.

56

c. *¿Qué ocurrirá en Baggage Pick Up?*

Recogeré mis maletas. Si tengo mucho equipaje, ya habré obtenido un carrito para transportarlas y me dirigiré rápidamente al área de reclamo de equipaje para tomar mis maletas tan pronto como aparezcan en la cinta transportadora.

d. *¿Qué encontrará en otra parte de los terminales?*

Encontraré las terminales de salida para vuelos en tránsito. Si tengo un vuelo en tránsito, primero debo preguntar por el NÚMERO DE PUERTA para el VUELO DE CONEXIÓN y la TERMINAL (A., B, C, etc.). Para esto buscaré el MOSTRADOR DE INFORMACIÓN y MONITORES DE TV que especifican los horarios de PARTIDA de los aviones e incluyen un plano de las TERMINALES.

Respuestas EJERCICIO 5:

foreign money exchange: el lugar donde le cambian la moneda de su país por dólares de los Estados Unidos.

currency: dinero o papel billete.

departure terminal: el edificio a través del cual ingresará al avión para su próximo vuelo.

arrivals: los vuelos que ingresan en el aeropuerto.

departures: los vuelos que salen del aeropuerto.

boarding pass: (pase a bordo) una tarjeta impresa que demuestra que tiene un asiento reservado en ese vuelo. Es necesario que la muestre al personal de la línea aérea en la puerta de partida y al ingresar al avión.

Respuestas EJERCICIO 6:

    a. ¿Cuánto dinero (en dólares) debe tener consigo?

Debo tener más o menos unos USD 200. Puedo tener más dinero en cheques de viajero para cambiar por dólares a mi llegada. Sin embargo, no debo cambiar más de lo que necesite para llegar a mi destino. Ocasionalmente puede haber ladrones rondando en los aeropuertos a la espera de una oportunidad para robarles dinero a pasajeros desprevenidos. Sólo debe llevar consigo la cantidad de dinero que necesite, no más. Conserve una parte de su dinero en cheques de viajero; una vez en los Estados Unidos no sólo podrá cambiarlos en bancos como ocurre en otros países, sino en cualquier lugar incluyendo tiendas, restaurantes y hoteles. Sepa que hoy en día ya no se usan tanto los cheques viajeros por su costo y por la posible dificultad al querer cambiarlos. Mejor es traer (con mucho cuidado) unos 100 dólares en dinero estadounidense.

¿Dónde debe ir después de cambiar dinero?

Me dirigiré a la TERMINAL DE SALIDAS para buscar mi VUELO DE CONEXIÓN. Tomaré asiento cerca de mi NÚMERO DE PUERTA.

b. *¿Qué deberá tener a mano para abordar el siguiente vuelo?*

Deberé tener a mano mi tarjeta de embarque (boarding pass).

c. Me concentro a proceder a conseguir transporte a mi destino. Si no estoy seguro, busco un puesto de ayuda al viajero para conseguir datos exactos.

d. Si no estuvieron destinadas mis maletas a mi destino final, busco mis maletas. Me doy prisa porque a veces las distancias entre las puertas de llegada y de salida son muy grandes.

LLAMADAS TELEFÓNICAS

En este punto de su viaje puede ser que desee telefonear a algún amigo en los Estados Unidos para comunicarle el horario en que está llegando su vuelo, o simplemente para saludarlo.

Hay muy pocos teléfonos públicos en los Estados Unidos. Es más fácil venir con su móvil con un "chip" para los Estados Unidos. Sin embargo esto es caro y no es completamente necesario si estás dispuesto a esforzarse un poco. Hay las siguientes alternativas.

Si llega a uno de los principales puertos de llegada, posiblemente hay teléfonos públicos en el aeropuerto. En el caso de encontrar un teléfono público, según el área dentro de los Estados Unidos, deberá depositar monedas de dólar para realizar llamadas locales. Asegúrese de contar con cambio. Sin embargo, dado que las llamadas de larga distancia requieren una gran cantidad de monedas, es mejor pagar con su tarjeta de crédito o de comunicarse con el operador y solicitarle una llamada persona a persona *"collect"* (llamada de cobro revertido). Simplemente diga:

I would like to place a collect call to (el nombre de su amigo) *at* (el número de teléfono de su amigo). Cuando el operador le pregunte: *What is your name?* deberá darle su nombre.

Además de los teléfonos usuales que aceptan monedas, algunos teléfonos funcionan con tarjetas de crédito. Si desea utilizar una, busque un teléfono que tenga a la derecha una ranura para insertar la tarjeta de crédito. Siga estos pasos:

Al levantar el auricular deberá oír un tono de discado.

Inserte y retire la tarjeta como se indica.

Escuchará algo como *"DIAL NOW"* ("marque el número") y el tono de discado en el auricular (de lo contrario, cuelgue e intente nuevamente)

Marque el número incluyendo CÓDIGO DE ÁREA + NÚMERO DE TELÉFONO. Puede ser que en alguna partes del país tenga que discar 1+ CÓDIGO DE ÁREA + NÚMERO DE TELÉFONO.

Si no hay teléfono público o si no tiene ni monedas ni tarjeta de crédito, podría hacer lo siguiente: Sencillamente pida a otro viajero que hable su idioma que le preste su teléfono para una llamada <u>local</u>. Parece mentira pero la gente es buena y muy pronto encontrará a una persona que le haga el bien. Si habla inglés, pídaselo a un norteamericano. Suelen ser muy serviciales y sin duda le ayudarán. Muéstrele el código de área del número que a que tiene que llamar para que pueda averiguar que es llamada <u>local</u>. Si no es de una zona cercana tendrá que buscar otra solución.

EJERCICIO de unas frases útiles:

1. *What time is the first departure from ....*
   Airport?

   ¿A qué hora es la primera partida desde
   .... Airport?

2. *What time is the last departure from ....*
   Airport?

   ¿A qué hora es la última partida desde
   .... Airport?

En la Universidad

EN CASO DE NECESITAR HOTEL

Si ya es tarde ("after hours") cuando llegue a su college o universidad, deberá registrarse en un hotel o motel para permanecer allí hasta la mañana siguiente. Puede ser que su institución le haya facilitado un listado de los hoteles y moteles en el área del college o universidad, pero si no lo tiene, deberá consultar al Servicio de Información en el aeropuerto o al mostrador especial para reservas hoteleras.

Generalmente los moteles son más económicos que los hoteles, pero pueden ser de acceso más difícil u ofrecer menos servicios. La mayoría de las tarifas hoteleras no incluyen desayuno, pero asegúrese de consultar al respecto. En ocasiones los moteles ofrecen café y pastelería en la recepción por la mañana. Por lo general hay un restaurante en los alrededores que ofrece desayuno.

65

Si necesita un lugar para dormir antes de llegar a su institución, debe averiguar el precio de los moteles en el área, llamar por teléfono con anticipación para confirmar la tarifa y reservar una habitación, y confirmar si el hotel o motel dispone de un servicio de traslados para recogerlo en el aeropuerto, o si deberá trasladarse en taxi. En ese caso, consulte el costo de un taxi hasta el hotel, para saber cuánto corresponde pagar. Averigüe el nombre del motel u hotel y déselo al conductor de taxi en el aeropuerto. Consulte el costo del viaje por medidor, y una vez dentro del taxi, asegúrese de que el conductor haya puesto el medidor en marcha. De lo contrario, dígale "Don't forget your meter"! Controle el medidor durante el viaje para calcular el costo del viaje.

Cuando llegue al motel u hotel vuelva a controlar el medidor para verificar la tarifa final (más cargos adicionales según la cantidad de maletas que lleve con usted) y agregue un 10 - 15 % de propina.

EL CENTRO INTERNACIONAL

El centro internacional de su *college* o universidad se encarga de ayudarlo a adaptarse a su nuevo ambiente. El consejero le dará la bienvenida y le explicará el proceso para conseguir su dormitorio (si no lo tiene reservado), cómo llegar al centro médico para entregar su informe médico, pagar los aranceles, obtener una casilla postal, y registrarse para las clases, generalmente en ese orden.

Deberá comenzar su relación con el Centro tan pronto que se pueda El personal de esta oficina le ayudará con los muchos detalles de su vida universitaria. Le informarán de antemano de lo que puede pedir y aprender en las otras oficinas especializadas de la Universidad, tales como las oficinas de Vivienda, Finanzas, Correos y de Salud.

Después de registrarse en sus clases deberá regresar con sus formularios I-20 para que se los validen. Necesitará una tarjeta de identificación u otro comprobante de su institución educativa anterior, algo que demuestre que estuvo allí.

EN EL CENTRO DE SALUD

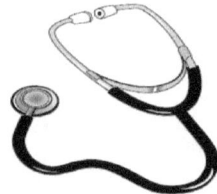

Deberá planear este momento mucho antes de llegar a los Estados Unidos. Es muy importante que visite a un médico dentro de los dos meses de su llegada a este país, y que tenga lista su ficha médica y su radiografía de tórax. Parte de esta información es requerida por la ley (ya sea federal o del estado) y no podrá avanzar en el proceso de prepararse para comenzar sus estudios hasta que la entregue. Si no trae esta información consigo, deberá ver un médico en los Estados Unidos, someterse a los exámenes necesarios, y aguardar los resultados. ¡Todo esto puede requerirle mucho tiempo! ¡Viaje ya preparado!

En el Centro de Salud (Bienestar Físico) entregará su Formulario de Salud, su radiografía de tórax o el correspondiente informe médico, y la tarjeta de contactos para casos de emergencia. Cuando haya pagado sus aranceles universitarios podrá contratar su seguro médico.

Cuando llegue al Centro de Salud, necesitará sus registros médicos y su radiografía de tórax o el informe médico correspondiente. Antes de que se retire de esta sala, necesita rellenar una tarjeta en la cual tendrá que incluir su domicilio en su país de origen, el nombre de su padre y de su madre, y su número de teléfono con el código de país y de área. Utilizarán esta tarjeta en el Centro de Salud y la conservarán para un caso de emergencia mayor en que deban comunicarse con su hogar. Es una medida de precaución.

Asegúrese de enviar informes médicos completos escritos en inglés antes de partir para los Estados Unidos. Además necesitará una radiografía de tórax tomada dentro de los dos meses previos a su llegada al país. Podrá entregar la radiografía de tórax o sólo el informe si lo prefiere, pero es mejor que muestre la radiografía para despejar toda duda. La información que sigue es requerida por la legislación del estado. Deberá demostrar que recibió dos dosis de inmunización contra sarampión, paperas, y rubeola. Esta vacuna se denomina habitualmente triple vírica (MMR por su sigla en inglés). Deberá mostrar la fecha en que recibió cada dosis. También deberá mostrar la fecha de inmunización contra el tétanos y la del refuerzo. Debe aplicarse una dosis cada 10 años. Esta vacuna se denomina comúnmente aplicación tétanos-difteria (TD). Deberá haberse sometido a la prueba de tuberculosis (TB) en los últimos seis meses y, como ya se ha mencionado, deberá tener una radiografía de tórax tomada no más de dos meses antes de su arribo. Finalmente, deberá acreditar que recibió la vacuna anti poliomielítica, tres dosis y un refuerzo. Al ser una exigencia de tipo legal, los centros médicos no pueden permitir que asistan a clases los estudiantes que no tienen esta información completa.

Además, se le preguntará si ha tenido las enfermedades que aparecen a continuación para incluir esos datos en su ficha médica. Si no está familiarizado con estos términos búsquelos en el diccionario y escriba los términos traducidos al lado de cada término en inglés.

VOCABULARIO: Aprenda estos términos

Rubella (German Measles)

Measles

Mumps

Chicken Pox

Allergies

Asthma

Diabetes

Convulsions/Seizures

Epilepsy

Hay Fever

Heart Disease

Hepatitis

Jaundice

High Blood Pressure

Menstrual Problems

Mononucleosis

Peptic Ulcer

Psychiatric Care

Rheumatic Fever

Malaria

Urinary Problems

Tuberculosis

Tropical Disease

A continuación, de modo de familiarizarle con el vocabulario de una típica conversación sobre la salud, transcribimos el diálogo típico que se produce cuando usted llega al centro médico de su universidad. Cruzará la puerta y caminará hacia la ventanilla del mostrador del centro médico.

YOU: Hello. I'm a new student here this term. My name is _____.

USTED: Hola. Soy un estudiante nuevo. Mi nombre es _____.

NURSE: Do you have your health records?

ENFERMERA: ¿Trajo su ficha médica?

YOU: What do you mean?

USTED: ¿A qué se refiere?

NURSE: Your health papers.

ENFERMERA: Sus papeles médicos (La enfermera le muestra los papeles).

YOU: I don't know.

USTED: No sé.

NURSE: Well. It's a state law to have them before you start classes. Do you know whether or not you've had Measles, Mumps and Rubella immunization?

ENFERMERA: Bueno, la ley de estado requiere que los presente antes de que pueda comenzar las clases. ¿Sabe si recibió inmunización contra sarampión, paperas y rubéola?

YOU: I'm not sure.

USTED: No estoy seguro.

NURSE: We can give you an injection now.

ENFERMERA: Podemos vacunarlo en este momento.

YOU: What's this?

USTED: ¿Para qué sirve este papel?

NURSE: It gives us permission to give you an injection. Please read it and could you fill in the section below?

ENFERMERA: Es una autorización para que podamos vacunarlo. ¿Podría leerla y rellenar la sección inferior, por favor?

YOU: But what if I've had an injection for Measles, Mumps and Rubella before in my country!?
USTED: ¿Y qué ocurre si ya me habían vacunado contra el sarampión, paperas y rubéola en mi país?

NURSE: Don't worry. It won't hurt to have it again. Could you come this way? We only use new syringes. Could you roll up your sleeve? This will sting a little. Okay. You are all set.

ENFERMERA: No se preocupe, no le hará daño volver a aplicárselo. Por favor, por aquí. (Se dirige a otra habitación. Sígala. La enfermera tomará una jeringa de un armario.) Sólo utilizamos jeringas nuevas. ¿Podría arremangarse? Va a sentir un pequeño pinchazo. (La enfermera le clava la aguja en el brazo). Ya está. Listo.

YOU: Is there any reaction afterwards? Can I eat and take a shower?
USTED: (mientras se baja la manga) ¿Hay alguna reacción posterior? ¿Puedo comer y ducharme?

NURSE: There shouldn't be any problem. If there is a problem, please come back. You're all set. Don't worry. You can go on to your next step.
ENFERMERA: No debería haber problemas. Si los hay, por favor regrese. Ya está, no se preocupe. Puede continuar con el siguiente paso. (La enfermera le muestra en el mapa la ubicación de la oficina administrativa y de pagos. Ahora, el siguiente paso: diríjase a la oficina donde deberá pagar los aranceles).

NOTA: Si está resfriado en el momento de tener esta entrevista, no le aplicarán inyección alguna y lo citarán para una fecha más adelante. A las mujeres que no estén utilizando un método de control de la natalidad, se les pedirá que regresen para la vacunación cuando tengan su período menstrual. Y en el caso de NO tener ficha médica se lo derivará a una clínica. NO es posible comenzar las clases sin la ficha en regla. Un amigo o un empleado del college lo acompañarán a la clínica. En la clínica deberá pagar al contado o utilizar cheques de viajero o una tarjeta de crédito.

Cuando termine los trámites en el centro de salud, todavía deberá dirigirse a la oficina administrativa y de pagos (ver p. 84) y pagar sus aranceles universitarios. Dígales, *"I am a new student. I need to make an appointment to register"*. Le darán una cita, la cual deberá anotar en un papel. Concurra en el horario convenido. Si va a estudiar ESL (Inglés como Segunda Lengua), por favor diríjase al salón indicado en el formulario en el horario indicado. Allí rendirá un examen para que lo ubiquen en el programa de lengua inglesa.

OPCIONES DE VIVIENDA EN LA U

OFICINA DE ALOJAMIENTOS ESTUDIANTILES

Los requisitos de alojamiento estudiantil difieren enormemente para cada caso en particular. Muchos de los *colleges* y universidades de los Estados Unidos exigen que los estudiantes que ingresan a la carrera sean solteros y que vivan en el campus. En otros casos los estudiantes pueden elegir vivir en el campus o fuera de él.

Su escuela le habrá enviado con antelación un formulario de Preferencia de Alojamiento y un Contrato de Alojamiento similar a los formularios aquí incluidos. Observe que si firma el formulario de Preferencia de

77

Alojamiento y/o el Contrato de Alojamiento, usted asume la responsabilidad de pagar su alojamiento y las comidas en la cafetería (pensión) por el término de un año académico o dos semestres.

Vea también si en el formulario que recibe se indica que los depósitos por alojamiento no serán reembolsables ni pueden ser transferidos. En tales casos, no podrá recuperar su dinero si cambia de idea, ni podrá ofrecer su habitación a otro estudiante. Estará obligado a vivir en el alojamiento en el campus durante dos semestres.

Sin embargo, las diferentes universidades en los Estados Unidos aplican diferentes políticas. Hay instituciones que instruyen el solicitante a incluir 25 dólares no reembolsables en concepto de honorarios de solicitud, pero NO está obligado a pagar la habitación porque la mera solicitud "no es un contrato".

Es importante que alguien le traduzca cuidadosamente toda la información que reciba del *college* o universidad referente al alojamiento.

Otras opciones que deberá considerar si va a residir en el campus son: si desea vivir en una residencia universitaria co-educacional, si quiere un compañero de habitación, y en caso de que su institución educativa disponga de esa opción, si prefiere una habitación en una residencia universitaria o en un apartamento o casa compartidos. Considerémoslos uno por uno.

El concepto de residencia universitaria co-educacional puede resultarle novedoso. La mayor parte de las instituciones educativas en los Estados Unidos tienen al menos un sector co-educacional en la residencia universitaria, en el que los estudiantes de sexo femenino y masculino residen en el mismo piso, con servicios sanitarios separados. Esta situación puede resultar algo extraña para muchos estudiantes extranjeros y puede llevarles un tiempo acostumbrarse. Las estudiantes de sexo femenino deberán considerar la pérdida de privacidad que involucra esta situación. Por supuesto, pueden elegir también un piso o sector para estudiantes del mismo sexo.

Las habitaciones en apartamentos y casas se ofrecen generalmente para estudiantes del mismo sexo. O sea,

79

todos los estudiantes en la misma unidad serán de sexo femenino o masculino. Puede haber dos, tres o cuatro dormitorios en cada apartamento o casa, con dormitorios para uno o dos estudiantes. Estas unidades tienen una cocina en común, sala de estar y baño, que se comparten entre todos los que allí se alojan. En general este tipo de alojamiento no se ofrece a los estudiantes del primer año, sino a estudiantes intermedios (junior) y avanzados (senior).

Los formularios son estándar y las preguntas son de carácter personal y se refieren al programa en el que está inscribiéndose. Se le pedirá que comunique si prefiere vivir en un piso co-educacional (con estudiantes de ambos sexos), y si es o no fumador. Si tiene minusvalías físicas, deberá comunicarlo por adelantado a la Oficina de alojamientos estudiantiles para que puedan tomar los recaudos necesarios. Si solicita alojamiento en el campus, tenga en cuenta que la habitación no podrá ser subalquilada, lo que significa que no podrá alquilarla a otro estudiante si decide mudarse más adelante. Estará obligado a pagar el alquiler durante dos semestres.

Si no ha rellenado su solicitud de alojamiento antes de llegar al campus, se le pedirá que lo haga a su llegada. Lea los formularios de muestra para familiarizarse con el lenguaje utilizado a fin de saber cómo firmar el contrato para la vivienda adecuada al llegar al campus. Sin embargo, recuerde que las plazas se asignan por estricto orden de solicitud, lo que significa que las habitaciones disponibles en el campus de su *college* o universidad podrían agotarse si se demora en presentarla. ¡Recuerde presentar su solicitud con la suficiente anticipación!

EJERCICIO

Asegúrese de comprender el siguiente vocabulario. Si le resulta desconocido, busque los términos en el diccionario y escriba el significado al lado de cada uno. Le ayudamos con las primeras palabras.

1. *reserves the right*
2. *to honor*
3. *hazards*
4. *impede*
5. *obligates*
6. *sub-leasing*

7. *abide by*

8. *termination*

9. *infraction*

10. *Bursar's Office*

11. *exception*

12. *obligated*

13. *residency requirement*

14. *accommodations*

15. *procure*

16. *physical disabilities*

17. *residing*

18. *exclusive of*

Significado de las primeras palabras del ejercicio:

1. *reserves the right:* mantener el derecho de hacer algo, estar habilitado o tener la posibilidad de hacer algo. En este caso, estar habilitado para asignar alojamiento.

2. *to honor:* respetar, cumplir con lo esperado, actuar de acuerdo con lo establecido. En este caso, hacer lo que se solicita en el Formulario de Preferencia de Alojamiento.

3. *hazards:* peligros, sucesos inesperados, especialmente aquellos relacionados con incendios o enfermedad.

4. *impede:* impedir, obstaculizar o dilatar. En este caso, algo que pueda interponerse en el proceso educativo.

5. *obligates:* obligar, colocar a alguien en la posición de deber realizar algo. Aquí, significa que debe pagar habitación y comidas durante un año académico.

6. *sub-leasing:* alquilar la habitación o apartamento a otra persona conservando el contrato original.

7. *abide by:* vivir o actuar de acuerdo con (las reglas).

8. *termination:* finalización. El *college* se reserva el derecho de dar por terminado el contrato de alojamiento.

9. *infraction:* transgresión, infracción, no obedecer o no actuar de acuerdo con las reglas.

10. *Bursar's Office:* la oficina administrativa y de pagos o la oficina que maneja dinero.

EN LA OFICINA
ADMINISTRATIVA
Y DE PAGOS

Después de haber visitado la Oficina de Alojamientos Estudiantiles y el Centro Médico, es tiempo de pagar los aranceles universitarios. Debe tener consigo, cash (dinero en efectivo), una tarjeta de crédito, un GIRO BANCARIO (*"bank draft"*) hecho a la orden del *college* o universidad por el monto de alojamiento, comida y enseñanza correspondiente a por lo menos un semestre. También podría tener consigo cheques de viajero para pagar alguna pequeña diferencia en los aranceles y para otros aranceles de poco monto como seguros, actividades estudiantiles y otros gastos varios. Deberá entregarle el giro bancario pagadero a su *college* o universidad a la persona que esté en la oficina administrativa y de pagos, y esa persona asentará el pago en la computadora de esa oficina y le entregará un recibo. Asegúrese de conservarlo. Es la prueba de que ha pagado sus facturas.

Además, deberá tener medios económicos para pagar al *college* o universidad sus gastos de alojamiento, comida y enseñanza por lo menos durante un semestre. Además, deberá incluir otro tipo de gastos, como el uso de las instalaciones deportivas, laboratorios, o estudios y seguros de salud. (A menos que su país ofrezca un programa médico nacional que lo cubra en el extranjero, deberá contratar un seguro médico que cubra sus gastos médicos en caso de accidente o enfermedad en los Estados Unidos. Así que no olvide añadir estos montos a sus otros pagos cuando calcule la suma de dinero que deberá llevar).

Si no está en condiciones de pagar de inmediato, le pedirán que firme un pagaré (*"promissory note"*) (un documento en el que se compromete a pagar). ¡Así de fácil! Con los fondos restantes, debe ir a un banco y organizar la apertura de una cuenta. Pero antes, vaya a la oficina postal del campus y solicite una casilla de correos.

En la sección inicial de este libro, bajo el título "Preparación", incluimos las diferentes formas de pago que puede utilizar, a saber: giro bancario sobre banco de los Estados Unidos, giro postal internacional, cheques de viajero en dólares americanos (se prefieren los de alta denominación) o, si ha transferido el dinero del pago directamente a la cuenta de la institución desde su país, prueba de la transferencia.

Cuando entre a la oficina administrativa y de pagos deberá dirigirse al mostrador y decir:

YOU: Hello. My name is (su nombre). I'm a new incoming international student from (su país).
USTED: Hola. Me llamo (dé su nombre a la persona que está en el mostrador). Soy un nuevo estudiante internacional proveniente de (diga el nombre de su país).

BUSINESS OFFICE PERSON: Welcome to (the college's or the university's name). Do you have your check-in sheet and passport?

EMPLEADO: Bienvenido a (el nombre de la institución). ¿Tiene su formulario de ingreso y su pasaporte?

YOU: Yes. Right here.

USTED: Sí, aquí están. (Entréguele a la persona el documento que le fuera entregado en el Centro Internacional, junto con su pasaporte).

BUSINESS OFFICE PERSON: Thank you. Could you come over here to have your picture taken?

EMPLEADO: Gracias. Le indica colocarse frente a la cámara para tomarle la fotografía que se incluirá en su Tarjeta de Identificación o ID del *College* o Universidad).

BUSINESS OFFICE PERSON: Perfect! Wait! One more photo. Good! That's for your ID which will be ready in a minute. Now, how are you going to pay your bill?

EMPLEADO: ¡Perfecto! Espere, una más. Bien. Es para su tarjeta de identificación, que estará lista en un minuto. Ahora dígame, ¿cómo va a pagar sus facturas?

YOU:(Aprenda sus posibles respuestas.)

I have a bank draft.

I will pay with a credit card.

I have an international money order.

I have already wired the money to the college's / university's account. Here is my proof of payment paper.

USTED: (Dígale al empleado lo que corresponda).

Tengo un giro bancario.

Voy a pagar con tarjeta de crédito.

Tengo un giro postal internacional.

Ya transferí el dinero a la cuenta del *college* o universidad. Aquí está el comprobante del pago.

BUSINESS OFFICE PERSON: Thank you. Here is your receipt. Be sure to keep this. It is your proof that you have paid your bills. If there is a problem later on, you will need to show this as proof of payment.

EMPLEADO: Gracias. Aquí está su recibo. Es importante que lo conserve, ya que es la prueba de que ha pagado sus cuentas. Si surge algún problema deberá mostrarlo como prueba de pago.

YOU: Okay. I'll put it with my passport.
USTED: De acuerdo, lo conservaré junto con mi pasaporte.

BUSINESS.OFFICE PERSON: And here is your ID card. Keep it with you at all times. It acts as your identification on campus and is also your meal card. You will use it to pay for your meals each time you eat in the cafeteria. The amount will be deducted from your account at the cafeteria cash register. Since you have this card now, you can lock up your passport so that you don't have to carry it around and perhaps lose it. Be sure not to lose your ID card and be sure not to give it to anybody else. Remember, it is like money. You will also use it when you take books out of the library or when you borrow equipment in the gym, so it is very important to carry it with you always and keep it safe.

EMPLEADO: Y aquí está su tarjeta de identificación: Llévela con usted a todas partes. Es su identificación dentro del campo y también actúa como registro de sus comidas. Deberá utilizarla para pagar sus comidas cada vez que coma en la cafetería. En la caja registradora de la cafetería debitarán el monto de su cuenta. Ahora que tiene esta tarjeta puede poner su pasaporte bajo llave, para no llevarlo con usted y arriesgarse a perderlo. Asegúrese de no perder ni prestar su tarjeta de identificación; recuerde que es como si llevara dinero. También deberá utilizarla para retirar libros de la biblioteca o cuando pida prestados equipos del gimnasio, así que es muy importante que la lleve siempre con usted y que esté segura.

YOU: Okay. Let's see, I'll put my receipt in a safe place with my passport and keep my ID with my money. Is that all for me to do here?
USTED: De acuerdo, lo que tengo que hacer es poner el recibo junto con el pasaporte en un lugar seguro, y guardar la tarjeta de identificación junto con mi dinero. ¿Hay algo más que deba hacer aquí?

90

BUSINESS OFFICE PERSON: Yes. Now, you should go to the mail room to register for a mail box and number.

EMPLEADO: Sí, ahora debe dirigirse a la oficina de correos para solicitar una casilla postal y un número de casilla postal.

YOU: Okay. Thank you very much.
USTED: De acuerdo. Muchas gracias.

EN LA OFICINA POSTAL

La oficina postal del campus se encarga de toda la correspondencia que ingresa y sale del campus. Seguramente le interesará conocer su ubicación para comprar sellos postales o estampillas, enviar encomiendas, y en ocasiones, recoger paquetes cuando sean demasiado voluminosos para su casilla postal. Aquí le entregarán un número de casilla postal y una combinación de números que le permitirá abrirla. Necesitará tener su tarjeta de identificación (y el número), y saber el nombre del sector de la residencia universitaria donde se alojará. (Puede estar en el recibo que le entregaron en la Oficina de Alojamientos Estudiantiles).

Ingresará a la oficina postal, se dirigirá a la ventanilla, y dirá:

YOU: Hi. My name is (........) and I have just arrived. I'd like to sign up for a mail box.

USTED: Hola. Me llamo (diga su nombre) y soy recién llegado. Deseo solicitar una casilla postal.

MAIL ROOM PERSON: Sure. May I see your ID card please?
ENCARGADO DE CORREOS: De acuerdo. ¿Me mostraría su tarjeta de identificación, por favor?

YOU: Yes. Here you are.
USTED: Sí. (se la muestra al encargado de correos). Aquí está.

MAIL ROOM PERSON: Thank you. Do you have your dormitory check-in card?
ENCARGADO DE CORREOS: Gracias, ¿tiene la tarjeta de registro de la residencia universitaria?

YOU: I have this paper. Is that what you want?
USTED: Me dieron este papel, ¿es esto lo que necesita?

MAIL ROOM PERSON: Yes. I just need the name of your dormitory.

ENCARGADO DE CORREOS: Sí, sólo necesito los datos de la residencia estudiantil donde se aloja.

MAIL ROOM PERSON: Here is your box number. The combination for your lock is printed on the paper.
ENCARGADO DE CORREOS: Aquí tiene su número de casilla. La clave de su candado está impresa en el papel.

YOU: Okay. Thank you. Where will I find my box?
USTED: Bien. Gracias. ¿Dónde está mi casilla postal?

MAIL ROOM PERSON: Oh. It's in your dormitory lobby on the right as you go in.
ENCARGADO DE CORREOS: Está en la recepción de la residencia estudiantil, al ingresar, a la derecha.

YOU: I can go to it at any time?
USTED: ¿Puedo abrirla en cualquier momento?

MAIL ROOM PERSON: Yes, at any time.
ENCARGADO DE CORREOS: Sí, en cualquier momento.

YOU: And all my mail comes there?

USTED: ¿Y voy a recibir allí toda mi correspondencia?

MAIL ROOM PERSON: Most of your mail. If you have special mail like certified, insured, or registered mail, or a package, you receive one of these forms. You will need to bring your identification with you for these items –either a passport, driver's license, or a school ID and sign for the letter or package.

ENCARGADO DE CORREOS: La mayor parte de su correspondencia. Si tiene correo especial como correo certificado, asegurado o registrado, *o un paquete,* recibe uno de estos formularios. Para recoger estos envíos deberá venir aquí con un documento para comprobar su identidad, ya sea su pasaporte, permiso de conducir o identificación de estudiante, y firmar un recibo para retirar la carta o encomienda.

YOU: Can I buy stamps here?

USTED: ¿Puedo comprar sellos postales aquí?

MAIL ROOM PERSON: Oh, of course. We also sell envelopes and aerograms and can send things out special delivery or through DHL, UPS, y FEDEX (private express mail companies). And there is one more thing.

ENCARGADO DE CORREOS: Por supuesto. También vendemos sobres y aerogramas y podemos hacer envíos especiales o a través de DHL (un servicio de correo privado expreso). Y hay una cosa más.

MAIL ROOM PERSON: If you should leave your dormitory room to live off campus or even transfer to another university, it is very important to leave your forwarding address so that mail will reach you at your new place. Here is a form for that, just in case.

ENCARGADO DE CORREOS: Si debe dejar la residencia estudiantil y se muda fuera del campus o incluso si tramita una transferencia a otra universidad, es muy importante que deje su nueva dirección de modo que podamos enviar allí su correspondencia. Aquí tiene un formulario para ese fin, por las dudas.

YOU: Thank you. USTED: Gracias.

MAIL ROOM PERSON: You bet. Have a good day!
ENCARGADO DE CORREOS: De nada, y ¡que tenga
un buen día!

YOU: Thanks. You too!   USTED: Gracias. ¡Lo mismo
para usted!

En El Pueblo

OPCIONES BANCARIAS

Luego de haber pasado por la oficina administrativa y de pagos de su *college* o universidad, es conveniente que abra una cuenta corriente bancaria y que coloque toda suma importante de dinero que tenga consigo en una cuenta de ahorro. También es conveniente que consulte con el consejero de estudiantes extranjeros o con alguien de la oficina administrativa y de pagos respecto del mejor banco donde abrir sus cuentas.

Los bancos tienen diferentes cargos por servicios, y aunque las diferencias entre los bancos y las tasas de interés que pagan son pequeñas, los cargos por cheques y otros servicios pueden sumar bastante. A menudo, los bancos con los cargos más bajos NO se encuentran en el área del *college* o universidad, y en ese caso deberá considerar si es más importante la comodidad o el ahorro.

Si su *college* o universidad cuenta con una COOPERATIVA DE CRÉDITO que ofrece los mismos servicios que un banco, pero como institución sin fines de lucro ofrece sus servicios para el beneficio de la comunidad. Asegúrese de aprovechar sus productos y servicios. Una cooperativa de crédito siempre le conviene porque tendrá cargos más bajos y ofrecerá tasas de interés más elevadas sobre sus depósitos.

Ya sea en un banco o en una cooperativa de crédito, deberá abrir cuentas para sus gastos y también para que le giren dinero desde el extranjero. Le conviene abrir una cuenta corriente (CHECKING ACCOUNT) para sus necesidades cotidianas, y una cuenta de ahorro para sumas de dinero más importantes que no sean de disponibilidad inmediata.

Las cuentas corrientes son de dos tipos: Con el primer tipo, se paga un pequeño cargo por cada cheque que se utiliza. El segundo tipo ofrece cheques ilimitados pero exige mantener un determinado saldo en la cuenta en forma permanente. Si tiene un saldo importante en la cuenta, algunas cuentas corrientes pagan un pequeño interés. Por

100

lo general es posible combinar las cuentas de ahorro y corriente en una sola cuenta global si así lo desea. Este tipo de cuenta podría ofrecer beneficios extra como cheques de viajero sin cargo, transacciones de cajero automático sin cargo, y cheques bancarios sin cargo. Sin embargo, debe mantener en las cuentas un balance total bastante alto. En general es difícil que los estudiantes dispongan de tal cantidad, pero si ése fuera el caso la cuenta combinada de ahorro y corriente sería beneficiosa.

La otra opción es poner dinero en una cuenta de inversiones en activos monetarios, (MONEY MARKET), o en un CD (CERTIFICATE OF DEPOSIT) que requieren un mínimo en depósitos. Recibe un interés un poco más alto que otras cuentas de ahorro normales, y ofrece sólo un número limitado de retiros por mes. Es útil solamente si no va a utilizar el dinero por un lapso de tiempo, y si al retirar no lo hace por debajo del saldo mínimo que requiere la cuenta. Recuerde estas opciones cuando vaya al banco o cooperativa de crédito recomendados.

En el Banco

Al ingresar al banco verá un mostrador de informes o un mostrador o cartel de servicios al cliente. Diríjase a la persona que se encuentre en el mostrador, y pregúntele:

YOU: Hello. I'd like to open an account.
USTED: Hola, quisiera abrir una cuenta.

BANK PERSON: Certainly. A savings or checking account?
EMPLEADO BANCARIO: De acuerdo. ¿Una cuenta de ahorros o una cuenta corriente?

YOU: Probably both.   USTED: Probablemente ambas.

YOU: I would like a checking account with an ATM card, a separate debit card, and also a Money Market account.

USTED: Me gustaría una cuenta corriente con una tarjeta para cajeros automáticos, otra tarjeta aparte de débito, y también una cuenta de inversión en activos monetarios.

La tarjeta de ATM le permite hacer depósitos y retiros de dinero en donde haya un cajero automático. Estas máquinas se encuentran en los campus, supermercados y en todas las sucursales bancarias.

La tarjeta de débitos es una tarjeta de plástico similar a las tarjetas de crédito. Esta tarjeta es conveniente porque le permite no sólo hacer depósitos y retiros de dinero un cajero automático, sino pagar en muchos negocios. La tarjeta puede ser utilizada 24 horas al día, 7 días a la semana siempre que ingrese correctamente su PIN (Personal Identification Number o sea clave de identificación). También puede utilizarse en algunos supermercados, estaciones de servicio y tiendas para pagar los artículos que adquiera. La tarjeta transfiere dinero de su cuenta a la tienda en forma instantánea.

Las cuentas de inversión generan un porcentaje de interés mayor que una cuenta de ahorros normal, sin embargo, requieren un depósito mínimo elevado. Muchos estudiantes universitarios tienen este monto en reserva para futuros gastos. Considerando que no se aplican penalidades por retirar en cualquier momento, es una decisión más inteligente que una cuenta de ahorros común.

Si tiene un mínimo de USD 1000 a USD 2500 y no piensa utilizar esa suma al menos por seis meses, un certificado a plazo fijo (CD) puede ser una buena opción, ya que los CD ofrecen las tasas de interés bancario más altas. Sin embargo, debe abonar una penalidad en dinero si necesita hacer un retiro antes de la fecha de vencimiento.

CÓMO BUSCAR APARTAMENTO

Como ya hemos dicho en páginas anteriores, al llegar por primera vez a los Estados Unidos quizás lo más conveniente sea vivir en una residencia estudiantil dentro del campus. Es mucho más sencillo, más seguro y ahorrará tiempo. Más adelante, una vez que conozca la zona y las tarifas de alquiler de apartamentos, probablemente encuentre uno donde pueda vivir cómodamente. De todos modos, debe estar preparado para enfrentar algunas dificultades.

El método más eficaz para encontrar apartamento es ir personalmente a los edificios de apartamentos que estén próximos a la universidad o *college* donde usted va a estudiar. No pierda tiempo leyendo avisos en los periódicos porque sólo lograrán confundirle y, dado que aún no conoce la zona, le resultará difícil encontrar las direcciones. Le proponemos, en cambio, que recorra el vecindario en auto, vea qué edificios hay en esa zona y escoja uno que le guste. Busque un cartel que diga "Administration" o "Apartments for Rent". Si el edificio

105

está próximo al campus, es probable que le alquilen apartamentos a estudiantes con cierta frecuencia y que, en consecuencia, los precios estén dentro del margen del presupuesto de un estudiante. Sin embargo, debe saber que los precios varían mucho dentro de los Estados Unidos.

Si usted piensa estudiar en el sur o en el centro de los Estados Unidos, un apartamento puede costar mucho menos que los del noreste. Antes de salir a buscar apartamento debe decidir acerca de los siguientes puntos: 1) ¿Le gustaría vivir solo o compartir con alguien? 2) Si piensa compartir, ¿con cuánta gente compartirá el departamento? 3) ¿Quiere que la calefacción esté incluida? ¿Quiere que los servicios estén incluidos? (Esto significa que la calefacción, el gas, la electricidad y el agua están incluidos en el precio del alquiler.) En las unidades con alquileres más caros los servicios estarán incluidos y también le ofrecerán lavadero.¡Es posible que hasta cuenten con una piscina! Si está estudiando en una región de clima frío, le aconsejamos que se asegure de que la calefacción esté incluida en la renta. El costo de la calefacción en forma individual puede ser increíblemente alto. ¡Puede resultar una verdadera sorpresa en términos de su presupuesto!

Pues bien, acaba de ver un edificio de apartamentos que le resulta atractivo cerca del campus. Deténgase, estacione el automóvil y diríjase a la oficina del administrador.

Para este trámite de buscar apartamento vaya solo o con UNA persona que pueda ayudarlo. NO VAYA CON UN GRUPO. ¿Por qué? Porque en los Estados Unidos, el administrador de un edificio de apartamentos se pondrá nervioso si ve un grupo. Se ponen nerviosos cuando ven un grupo porque, en primer lugar, no saben con exactitud si usted está alquilando el apartamento para una persona o para cinco, seis, o diez personas. Las leyes de Propiedad Horizontal son muy estrictas en los Estados Unidos. Si usted vive solo, alquilará un apartamento de un dormitorio o un apartamento de un ambiente (*"Studio")*. Es un apartamento que tiene cocina, baño y un living que de noche se transforma en dormitorio, ya que el sofá se extiende y se hace cama.) Si prefiere compartir el apartamento debería buscar un apartamento con dos dormitorios. Si comparte los gastos de alquiler, ahorrará dinero.

Lo importante es decidir qué es lo que quiere hacer antes de entrar a la oficina del administrador. Seguidamente transcribimos una conversación típica de alguien que está averiguando por un apartamento.

Ante todo, existen muchos edificios de apartamentos donde no les gusta alquilar unidades a estudiantes. Esto se debe a que anteriormente tuvieron problemas con estudiantes (norteamericanos, principalmente) que daban fiestas, escuchaban música a todo volumen, y otras cosas por el estilo. Los estudiantes extranjeros, en su mayoría, tienen mejor comportamiento, pero los dueños de los apartamentos y los administradores no lo saben. Por lo tanto, debe estar preparado para que su solicitud sea rechazada o que le pidan que deposite una gran suma de dinero como garantía. Los estudiantes extranjeros deben salvar otro obstáculo: tienen que estar en condiciones de demostrar que cuentan con ingresos suficientes para cubrir un año de alquiler o encontrar un garante. Veamos cada uno de estos factores por separado.

Cuando usted solicite alquilar un apartamento, la compañía inmobiliaria querrá saber cuál es su fuente de ingresos. Siendo usted un estudiante, sus ingresos probablemente estén dados por la cuenta bancaria de sus padres, la cual está fuera de los Estados Unidos. Será necesario que transfiera parte de ese dinero a su propia cuenta en los Estados Unidos para probar que puede hacer frente a los gastos del apartamento.

El segundo punto es el contrato de alquiler. La mayoría de los departamentos se alquilan sobre la base de un contrato; esto significa que, tal como ocurre con el acuerdo de alquiler en la residencia universitaria, usted se compromete a pagar el alquiler durante un año. Obviamente, esto incluye el verano, así que si usted tiene otros planes para el verano o piensa regresar a su casa, quizás le resulte difícil cumplir con un contrato anual. Además, el total de dinero depositado en su cuenta tendría que ser bastante alto. Si usted no posee esta cantidad de dinero, deberá presentar un garante.

Un garante es una persona que podría estar en condiciones de pagar el alquiler si por alguna razón usted no pudiera hacerlo. Si usted tiene familiares en los Estados Unidos, ellos podrían firmar como garantes. Si así no fuera, tendría que ser alguna otra persona de la comunidad que se ofreciera a firmar y a aceptar hacerse responsable por el pago del alquiler. A veces esto resulta algo complicado porque significa pedir mucho del otro. Una vez dicho todo esto, debemos decir que no todas las compañías inmobiliarias son tan estrictas. Muchas aceptan contratos de nueve meses, o dos semestres, especialmente si están ubicadas cerca de la universidad o brindan servicios para estudiantes. Debe buscar y preguntar.

Otro factor a tener en cuenta es el depósito. La mayoría de las compañías exigen el equivalente a un mes de alquiler en concepto de depósito. De modo que, además de estar en condiciones de demostrar que dispondrá de dinero en el futuro, debe disponer de dinero en efectivo para pagar un mes de alquiler y el equivalente a otro mes para el depósito de garantía antes de poder instalarse en el departamento. Luego debe pensar qué tipo de edificio sería conveniente.

Los edificios de apartamentos en los Estados Unidos presentan variedad de estilos. Existen grandes complejos compuestos por varios edificios que son bastante modernos y cuentan con salones para reuniones, salas para gimnasia, jacuzzis, canchas de tenis, y piscinas. Este tipo de apartamentos es el más costoso, pero puede resultar una buena opción si usted piensa hacer uso de todas estas instalaciones. Sin embargo, la universidad o *college* ofrece la mayoría de estas facilidades, así que estaría pagando dos veces por los mismos servicios. Estos complejos son muy seguros y convenientes, tienen todas las comodidades y están equipados con los más modernos artefactos y tecnología. Son, asimismo, los de más difícil acceso para estudiantes ya que tienen normas de admisión muy estrictas.

Existe otro tipo de apartamentos en edificios grandes y modernos, seguros, pero que no cuentan con mucho terreno, ni canchas de tenis o clubes. Se encuentran en zonas más densamente pobladas y, generalmente, son elegidos por los estudiantes porque son modernos pero los precios son más económicos. Estos edificios tienen entre cuatro y quince pisos, tienen ascensor y probablemente un lavadero, cochera, electrodomésticos modernos y puertas

111

de entrada con cierre de seguridad. Por lo general, el pago del alquiler incluye calefacción y agua caliente.

Un tercer tipo de edificios de apartamentos es apropiado para aquellos estudiantes a quienes les gustaría estar más en contacto con la nueva cultura. Se los conoce como edificios de apartamentos para familias múltiples *(multi-family apartment building)* y comúnmente se trata de construcciones más antiguas compuestas, como el nombre lo sugiere, de apartamentos amplios donde viven familias. A diferencia de los otros dos estilos de apartamentos mencionados, que tienen uno o dos dormitorios, éstos tienen tres, cuatro y hasta cinco dormitorios. Resultan muy económicos para estudiantes que deseen compartir los gastos de alquiler y ofrecen la ventaja de vivir en contacto con familias de la nueva cultura.

En los edificios mencionados anteriormente, la gente entra y sale sin tener ninguna relación con los demás inquilinos. De hecho, en el caso de los estudiantes, se corre el riesgo de que jamás lleguen a conocer a sus vecinos. Pero en este otro tipo de unidades, la gente es más amistosa, se tratan más como vecinos y conversan entre sí. Por lo tanto, los estudiantes extranjeros tendrán mayor oportunidad de progresar en el manejo del idioma y de observar y también participar de la nueva cultura. Creemos que este tipo de experiencia es altamente recomendable.

La cuarta opción es alquilar una casa o un condominio. Es frecuente que un grupo de estudiantes se pongan de acuerdo y alquilen una casa grande o un condominio, compartiendo los gastos de alquiler, los servicios, tareas como sacar la basura, cortar el césped y quitar la nieve de la entrada en invierno. Esta manera de vivir es la que probablemente mejor refleja el estilo de vida de la clase media norteamericana, pero obviamente tiene la desventaja de que los estudiantes tienen una cantidad de responsabilidades adicionales.

En primer lugar, deben decidir quién se hará cargo de firmar el contrato de alquiler y de pagar las cuentas de electricidad, gas, agua y teléfono. Todos estos gastos serán compartidos, por supuesto, pero alguien debe asumir la responsabilidad de pagar en caso de que algún otro no lo haga. Luego, se debe tener en cuenta el tiempo dedicado a cortar el pasto, quitar la nieve, encargarse de la

113

casa y de la limpieza. Todas estas actividades interfieren con los horarios de los estudiantes y restan tiempo y energía al estudio.

Además de estas desventajas, está el hecho de que precisamente a causa de la necesidad de compartir responsabilidades, generalmente los estudiantes se juntan con otros de su misma nacionalidad para alquilar una casa, y el resultado es que finalmente terminan viviendo ¡como si estuvieran en su propio país! En estas condiciones no avanzan en su aprendizaje del idioma inglés. En la mayoría de los casos debe evitarse este tipo de arreglo por todos los medios!

A continuación un típico intercambio acerca del alquiler de un apartamento:

MANAGER: Are you interested in a one or two bedroom apartment?
ADMINISTRADOR: ¿Está interesado en un apartamento con uno o dos dormitorios?

YOU: How much are they?

USTED: ¿Cuánto cuestan? *MANAGER: Prices range from $ 750 – 1,200 (possible in 2016, with great differences according to the zone where the university is located.)*

ADMINISTRADOR: Los precios van desde USD 750 hasta USD 1.200 (costo posible en 2016, *con grandes diferencias según la zona de la universidad.*).

YOU: What does the price include?

USTED: Y ese precio, ¿qué incluye?

MANAGER: It includes your heat, but not electricity. Electricity costs about $60.00 (depends on state and zone) *per month . What price are comfortable with? Is the apartment just for you?*

ADMINISTRADOR: Está incluida la calefacción pero no la electricidad. El costo de la electricidad es aproximadamente USD 60 (depende del estado y ciudad) por mes. ¿Qué precio se ajusta más a sus necesidades? ¿El departamento es sólo para usted?

YOU: Well, I'm alone, so probably a one bedroom.

USTED: Estoy solo, así que creo que un dormitorio estará bien.

MANAGER: Okay. What are you interested in? To be near a pool, a good view, quiet? What's important to you?
ADMINISTRADOR: Bien. ¿Qué le gustaría, estar cerca de la piscina, tener una buena vista, tener silencio? ¿Cuál de todas estas cosas sería importante para usted?

YOU: I'd like as much quiet as possible. Do you have an end unit with a good view near the pool?
USTED: Me gustaría un lugar tan tranquilo como fuera posible. ¿Tiene alguna unidad que esté al final del pasillo, con buena vista y cerca de la piscina?

MANAGER: Well, the best views overlook the river, but they are full-up. You want to see the floor plan of the various units?
ADMINISTRADOR: Bueno, las unidades con mejor vista son las que tienen vista al río pero están todas ocupadas. ¿Quiere ver el plano de las varias unidades?

MANAGER: *What is your floor preference? First, second, or third floor? Remember, the third floor is more quiet, as you don't have anybody overhead.*

ADMINISTRADOR: ¿Qué piso prefiere, primero, segundo, o tercero? Recuerde que el tercer piso es el más silencioso porque no hay nadie viviendo arriba de su departamento.

YOU: *Yes. A top floor apartment would be good.*

USTED: Sí, me gustaría el último piso.

MANAGER: *Do you want a balcony, or not?*

ADMINISTRADOR: ¿Le gustaría tener balcón?

YOU: *Yes. I'd like a balcony.*

USTED: Sí, un balcón sería lindo.

MANAGER: *Okay. But let me remind you that you are not allowed to store things on the balcony like food or personal goods.*

ADMINISTRADOR: Bien. Debo recordarle que no está permitido guardar cosas como alimentos o artículos personales en el balcón.

YOU: Oh, really? Why is that?

USTED: ¿De verdad? ¿Y por qué?

MANAGER: For safety reasons. We don't want things falling off. Also, food may spoil and melt or create a smell. It also doesn't look good --a lot of things piled up on balconies.

ADMINISTRADOR: Por razones de seguridad. Queremos prevenir que se caigan cosas. Además, la comida se echa a perder, se puede derretir o dar mal olor. Por otra parte, no es agradable ver cantidad de cosas apiladas en el balcón.

YOU: Are plants okay?

USTED: ¿Se puede tener plantas?

MANAGER: Sure. Plants are fine. Perhaps a chair or two.

ADMINISTRADOR: Sí, claro, tener plantas está bien. Quizás una o dos sillas, también.

YOU: Okay. May I see a unit?

USTED: ¿Puedo ver un apartamento?

MANAGER: Sure. We can show you up to three units --not more. In which building would you like to see an apartment?

ADMINISTRADOR: Seguro. Podemos mostrarle hasta tres unidades, no más. ¿En cuál de los edificios le gustaría ver el apartamento?

IMPORTANTE REFERENCIA CULTURAL: Muchos estudiantes quieren ver *todas* las unidades disponibles. Debe saber que no le van a mostrar todas. El encargado le hizo una serie de preguntas antes de mostrarle los apartamentos para decidir cuáles eran los más apropiados para usted. Le mostrarán las mejores unidades que tengan según lo que usted les dijo acerca de sus necesidades. No esconden lo mejor que tienen hasta el final, como ocurre en otros contextos culturales

YOU: Could I see a unit in building A, then B, then C, to decide?
USTED: ¿Puedo ver una unidad en el edificio A, luego en el B, y en el C, para decidir?

MANAGER: OKAY, Someone will be right here to show the apartments.
ADMINISTRADOR: Está bien. Alquien le muestra los apartamentos en un momento.

El asistente le mostrará aquellas unidades que mejor se ajusten a sus necesidades. A continuación sugerimos algunas preguntas que sería conveniente hacer mientras recorre los apartamentos.

YOU: How close are these apartments to a bus line?
USTED: ¿Hay líneas de autobús que pasen por aquí cerca?

ASST. MANAGER: Oh, very close. The bus goes right by in front of the apartments. You can catch a bus to downtown on the corner over there.
ASISTENTE: Sí, muy cerca. El autobús pasa justo por el frente del edificio. Puede tomar el autobús al centro de la ciudad allí mismo en la esquina.

YOU: Are there any athletic facilities here?
USTED: ¿Hay instalaciones para practicar deportes?

ASST. MANAGER: Oh, yes. There's a pool just over there behind that building. And each building has a sauna and an exercise room. There are also tennis courts over there.
ASISTENTE: Claro. Hay una piscina justo detrás de aquel

edificio. Y cada edificio tiene su propio sauna y gimnasio. También hay canchas de tenis en aquel sector.

YOU: Wow! You offer a lot.
USTED: ¡Guau! Ofrecen muchísimas cosas.

ASST. MANAGER: Well, we have to be competitive. There's also a cable t.v. hook-up, plenty of storage space, garbage disposal units, a club house and laundry facilities. Also, air conditioning and private patios, if you wish.
ASISTENTE: Bueno, tenemos que ser competitivos. Los apartamentos también cuentan con conexión de TV por cable, mucho espacio para guardar cosas, incinerador de basura, un salón comunitario y máquinas de lavar. Además, aire acondicionado y patios privados, si lo desea.

YOU: Air conditioning?! Does it get that hot here? It seems so cool now.
USTED: ¿Aire acondicionado? ¿*Tanto* calor hace? Ahora parece un lugar tan frío.

ASST. MANAGER: Oh, yes. In the summer it can be very hot. You'd be surprised.

ASISTENTE: Sí, mucho. Se sorprendería de ver qué caluroso es el verano.

YOU: How much extra does it cost for electricity for air-conditioning?
USTED: ¿Hay costo adicional en electricidad para mantener encendido el aire acondicionado?

ASST. MANAGER: Yes, Well, here we are. This is the kitchen. You have a stove and refrigerator and garbage disposal. The bathroom has a tub and a shower. Your living room has a balcony beyond the sliders. Take a look at the view.
ASISTENTE: *Sí.* Bueno, hemos llegado. Aquí está la cocina. Está equipada con un artefacto de cocina, heladera e incinerador de basura El baño tiene bañera y ducha. La sala tiene un balcón detrás de las puertas corredizas. Vea qué vista.

YOU: It's great! I'll take it. But I want to see the others too.
USTED: ¡Es genial! Me quedo con éste, pero quisiera ver los otros de todos modos.

ASST. MANAGER: Don't decide until you've seen the others. Follow me.

ASISTENTE: No tome una decisión hasta no haber visto los otros apartamentos. Sígame.

Le mostrarán las demás unidades en la misma forma. Cuando haya decidido cuál le conviene más, y sólo en caso de que no desee comparar estos apartamentos con los que ofrecen otras compañías inmobiliarias, entonces usted dirá:

ASST. MANAGER: Fine. Let's go down to the office and you can make a deposit.

ASISTENTE: Perfecto. Bajemos a la oficina para que pueda hacer el depósito.

NOTA: Algunas compañías sólo le pedirán un depósito de USD100 mientras procesan su solicitud. Este depósito quedará afectado al alquiler del primer mes. Es aconsejable llevar con usted un estado de cuenta preparado por su banco que muestre cuánto dinero tiene depositado, o una carta de la embajada de su país aclarando que los fondos llegarán a través de ellos, o si se trata de una beca, que ellos se harán cargo. A continuación encontrará, a modo de ejemplo, un formulario similar al que usted deberá rellenar y firmar. Además de esto, la mayoría de las compañías tienen una serie de normas y reglamentos que deberá leer, aceptar y luego firmar como parte del acuerdo.

Cuando lea el formulario, notará que una vez más se le pide su número de Seguro Social. Simplemente diga que se lo entregarán más adelante. En "Referencias" escriba el nombre de personas que conozca en el college o universidad --podría ser el nombre del Consejero de estudiantes extranjeros.

Cuando lea el Reglamento preste atención al hecho de que sólo la persona o personas que alquilan el apartamento están autorizadas a vivir allí. Esto significa que si piensa irse durante el verano y regresar en septiembre, no podrá *"sublet"* (subalquilar) la unidad. ('Sublet' significa permitir que otra persona viva allí durante su ausencia.) Evalúe este aspecto detenidamente antes de firmar el contrato de alquiler que lo obliga a pagar la renta durante doce meses. La mayoría de las compañías permiten que los estudiantes firmen contratos de ocho meses, y algunas no exigen contrato de alquiler. En los casos en que se exige contrato de alquiler, es necesario dar un preaviso de sesenta días antes de dejar el apartamento.

Volvamos al instante en que estaba a punto de entrar a la oficina del administrador.

MANAGER: Well. Did you decide on a unit?
ADMINISTRADOR: ¿Se decidió por alguna unidad?

YOU: Yes. I liked the corner unit on the third floor.
USTED: Sí, me gustó el apartamento de la esquina en el tercer piso.

MANAGER: Okay. Could you fill out the application?
ADMINISTRADOR: Muy bien. Por favor, rellene este formulario.

MANAGER: Good. When your application is approved, please be prepared to pay a security deposit and one month's rent in advance.
ADMINISTRADOR: Bien. Una vez que su solicitud haya sido aprobada, deberá pagar el depósito y un mes de alquiler por adelantado.

NOTA: La práctica de exigir un depósito como garantía por posibles daños causados durante su permanencia en el apartamento varía según la compañía. Algunas compañías exigen un depósito equivalente a un mes de renta; otras no tienen esta exigencia. Sin embargo, el pago de un mes de renta por adelantado es una práctica establecida e inevitable.

(Solicitud de alquiler y Reglamentos)

A continuación encontrará unos ejemplos de lo que contiene una solicitud de alquiler y una lista de las normas que se deben cumplir. A fin de que pueda comprender toda la información necesaria, incluimos las explicaciones correspondientes.

Debe escribir su nombre completo y, si se trata de una mujer casada, su apellido de soltera. El número de seguro social es útil en este caso y la información acerca de cómo obtenerlo se encuentra más adelante en este libro. Si se ha guiado por las recomendaciones en este libro y ha postergado el alquiler de un apartamento hasta su segundo año de residencia en los Estados Unidos, ya habrá obtenido ese número para cuando vaya a buscar apartamento.

Necesitará ese número para éste y otros formularios que deberá rellenar.

Luego deberá escribir la dirección donde está viviendo en el momento de presentar la solicitud, su número de teléfono, el nombre del dueño de casa y cuánto está pagando por el alquiler. Es común que en la solicitud también le pregunten por qué desea mudarse, su dirección anterior y el nombre del dueño de casa, y a quién se debe contactar en caso de emergencia. Tendrá que demostrar cuál es su fuente de ingresos y hacer un listado de sus deudas.

A menudo esta misma información se solicita a toda persona que compartirá un apartamento a fin de que la agencia inmobiliaria pueda determinar cuál es el total de ingresos disponible y la capacidad de pago.

Las referencias son parte importante de la solicitud de alquiler y a veces resultan difíciles de obtener para un estudiante extranjero. Sin embargo, si ha vivido en la residencia estudiantil, el encargado de la oficina de alojamientos estudiantiles seguramente podrá dar referencias. Podría también pedirle a algún profesor o profesora que conozca su responsabilidad como alumno/alumna que dé referencias en cuanto a su conducta y carácter, o a alguna otra persona del *college* o universidad.

En algunos formularios de solicitud quizás le pregunten si tiene "pets" (mascotas) viviendo con usted; con toda seguridad su respuesta será "no". Deberá responder si alguna vez se ha declarado insolvente ("no", otra vez), y si alguna vez ha tenido problemas con la policía o en la corte (confiemos en que sea "no" una vez más).

Una vez que usted haya dado pruebas de que puede hacerse cargo del alquiler del apartamento, y que tiene buenas referencias en cuanto a su historial de pagos y su buena conducta, ¡estará finalmente en condiciones de conseguir su departamento!

Una vez instalado, deberá cumplir un reglamento muy similar al que aquí le presentamos:
Únicamente aquellas personas que han firmado la solicitud de alquiler del apartamento y el contrato de alquiler pueden

128

ocupar el apartamento. Esto significa que usted no puede entregar el departamento a sus amigos si se va de la ciudad durante el verano o si se muda a otra ciudad. Por supuesto, puede cambiar los términos del contrato notificando debidamente a la compañía que administra el edificio para que agregue nuevos nombres y elimine el suyo. De todos modos, los nuevos interesados deberán cumplir con los pasos del proceso de solicitud de alquiler tal como lo hizo usted.

Por lo general, no se aceptan mascotas en los edificios de apartamentos de mayor categoría. En el caso de un estudiante, esto no debería representar un problema.

Es probable que el lavaplatos de la cocina tenga un triturador de basura en el desagüe. Es preferible utilizar agua fría ya que así desaguará mejor. Si no hay triturador de basura, NO deje caer cáscaras de verduras y restos de comida en el desagüe porque no tardará en taparse y ya no podrá salir el agua (ni ninguna otra cosa). Tendrá que avisar al encargado de mantenimiento y muy pronto adquirirá fama de "tapa cañerías". A la administración no le gusta esta clase de inquilinos.

Usted es responsable por los daños causados al apartamento sin importar si usted rompió la puerta de un golpe porque estaba enojado, o si su niño/niña rompió una ventana, o si dejó una ventana abierta cuando llovía y entró agua. Si hay algo que estaba en perfecto estado cuando usted ingresó y está dañado cuando usted se va, el costo de los daños se descontará del depósito inicial que usted hizo.

La mayoría de los edificios no permiten que se hagan agujeros en las paredes para colgar cuadros o colocar repisas. Si usted desea colgar o colocar algo, comuníquese con la administración y ellos le indicarán cómo debe proceder. Dado que en muchos edificios los gastos de electricidad están incluidos en el alquiler, no se permite la instalación de un equipo de aire acondicionado a menos que haya un acuerdo especial con la compañía que administra el edificio.

Usualmente el estacionamiento es sólo para los inquilinos. Debe tener cuidado de estacionar en el lugar que le corresponde y no ocupar el lugar de otro; de lo contrario, la policía podría llevarse su vehículo.

Algunos apartamentos tienen espacios para guardar cosas en el altillo o en el sótano. Debe ser cuidadoso y guardar sus pertenencias en los lugares asignados. NO amontone cosas en el pasillo, en las escaleras, o en los patios. Esto es particularmente importante como prevención en caso de incendio y la administración no permitirá este tipo de conducta.

La administración siempre se reserva el derecho de ingresar a su apartamento. La administración tendrá una llave de su apartamento y si surge algún problema, por ejemplo, si sale humo por debajo de la puerta, o si brota agua debajo de su apartamento, o hay alguna otra señal de emergencia, el administrador golpeará a la puerta para verificar si usted se encuentra allí e ingresará a su departamento para ver qué ocurre. Este derecho se limita exclusivamente a situaciones de emergencia; como regla general, no debe preocuparse de que otras personas ingresen a su apartamento cuando usted no está. El propietario del apartamento o la administración no son responsables ante la ley por pérdidas de objetos de su propiedad dentro o fuera del edificio, sea cual fuere la causa, incluidos daños por incendio, agua, o robo. Si desea estar protegido ante este tipo de pérdidas, debe contratar un "seguro para inquilinos."

Si usted no paga el alquiler y el propietario debe ir a la corte para exigir el pago, usted deberá pagar los gastos judiciales además del alquiler adeudado.

Generalmente, se cobra un porcentaje de recargo por atrasos en el pago del alquiler. El alquiler se debe pagar el primer día de cada mes pero puede ser que haya un período de "gracia" de diez días, lo cual significa que si paga el día diez se considera que el alquiler fue pagado en término.
No dude en informar cuando algún equipamiento que pertenezca al edificio no esté funcionando debidamente. Las demoras sólo aumentan los gastos y el propietario estará agradecido si usted reacciona rápidamente.

Trate de pagar el alquiler el día indicado ya que esto contribuirá a que usted tenga buenos antecedentes en cuanto al crédito. Aunque existe un período de gracia, los propietarios valoran los pagos que no se demoran. ¡Ellos también tienen cuentas que pagar!

La mayoría de las personas en los Estados Unidos pagan sus cuentas con cheques. Aquí el dinero en efectivo se usa mucho menos que en otros países. Debería tener una cuenta corriente y una chequera para pagar el alquiler. Así, contará con un registro de los pagos realizados y, además, fácilmente podrá efectuar el pago por correo.

Si decide dejar el apartamento debe dar 30 días de preaviso. Esto se aplica DESPUÉS de que haya finalizado el contrato de alquiler (generalmente, un año). Antes del año, dejar el apartamento significaría incumplimiento de contrato y tendrá que pagar el alquiler de todo el año. Después de un año, la mayoría de los apartamentos se alquilan "por mes", lo cual significa que su única obligación es dar 30 días de preaviso si desea dejar el apartamento.

Si va a dejar el apartamento, y los servicios de electricidad, gas y teléfono están a su nombre, debe avisar a las compañías para que interrumpan el servicio.
Por último, la administración le pedirá que firme una copia de las normas y reglamentos indicando así que está dispuesto a vivir de acuerdo con las normas establecidas. Luego, por lo general, le mostrarán el apartamento para

constatar que no hay partes dañadas en el momento en que usted ingresa. En caso de que haya algo dañado, la información constará en el siguiente formulario.

VOCABULARIO (Cómo conseguir un apartamento)

utilities: los servicios de electricidad, gas, combustible para la calefacción, agua y teléfono pertenecen todos a la categoría *utilities*.

laundry facilities: es el lugar donde se encuentra un lavarropas, un secarropas, máquinas para el jabón y un lugar donde se puede doblar y, a veces, también planchar la ropa.

referral: una sugerencia. En este caso significa quién o qué le sugirió que solicitara uno de estos apartamentos.

references: referencias, son las personas que pueden dar referencias de que usted es una persona honesta y confiable.

full-up: completamente lleno; que no queda más lugar.

preference: aquello que a usted más le gusta o lo que prefiere.

overhead: arriba.

balcony: balcón, una superficie rodeada de una baranda, que sobresale de un edificio a partir del primer piso y que por lo general no tiene techo. Se usa para sentarse y tomar aire y sol.

melt: derretirse, transformarse una sustancia sólida en líquida. Por ej., el hielo en agua.

garbage disposal: un aparato debajo del lavaplatos de la cocina que corta y tritura los residuos antes de que pasen al desagüe.

tub: tina, bañera, recipiente instalado en el baño que se llena de agua para tomar un baño. La palabra completa es *bathtub*.

sliders: puertas de vidrio, corredizas (que se deslizan en vez de abrirse) y que se utilizan en balcones y terrazas.

---

sublet: alquilar a otra persona que no es quien firmó el contrato de alquiler.

sixty-day notice: la información referida a un determinado acontecimiento debe darse sesenta días antes de que se produzca dicho acontecimiento, por ejemplo, dar aviso de que se desocupará un departamento.

security deposit: suma de dinero que la administración guarda en una cuenta bancaria a fin de utilizarla para pagar posibles daños que un inquilino haya provocado en el apartamento alquilado.

COMPRAS

COMIDA

En el supermercado, los carteles indican qué clase de productos se encuentran en cada sector. Las verduras están debajo del cartel que dice *"produce"*. Comience por ese sector y después recorra los otros pasillos. El precio de cada producto está claramente indicado y puede pesar la mercadería en las balanzas que se ven allí mismo. Pida ayuda cuando no encuentre algo que necesita. Siempre encontrará un empleado reponiendo mercadería de alguna clase. Estos empleados suelen ser muy amables.

137

Encontrará las siguientes abreviaturas en los carteles:

ea. – each : por unidad

lb. – pound: libra (454 gramos)

c. – *cents* : centavos

oz. – ounce: onza (28,35 gramos)

pt. – *pint:*

qt. – *quart:*

Recorra los pasillos hasta encontrar los productos que usted necesita y luego diríjase al sector de las cajas. Al llegar a la caja, coloque sus productos sobre la cinta transportadora del mostrador.

Observe las cantidades que aparecen en la pantalla sobre la caja registradora y controle que sean las cantidades correctas. El cajero/La cajera calculará el total y le pedirá el dinero. Mire en la pantalla cuál es la suma total que debe pagar. Puede pagar en efectivo o utilizando su tarjeta de crédito o de débito. Espere hasta que le entreguen su comprobante de pago, diga "Gracias", tome su carro y empújelo hacia la puerta. Ahora ya sabe cómo ir de compras en los Estados Unidos. ¡Que disfrute su almuerzo!

Tarjeta del supermercado para solicitud de cobro de cheques: Muchos estudiantes consideran conveniente la posibilidad de cobrar cheques en el supermercado. Le aconsejamos elegir una *cadena* de supermercados (una que tenga varias sucursales dentro de la ciudad) pues eso le brindará la comodidad de hacer las compras y cobrar cheques en diferentes lugares de la ciudad. Como verá más abajo, para obtener la tarjeta le piden su número de teléfono y, el número de su permiso de conducir, y el número de su seguro social. Teniendo en cuenta estos requisitos, la primera vez que vaya al supermercado recoja un formulario a fin de rellenarlo cuando ya tenga teléfono y después de que le hayan otorgado su permiso de conducir y su número de Seguro Social.

Seguramente querrá saber qué es el número de Seguro Social y cómo obtenerlo. Pues bien, en los Estados Unidos toda persona que trabaja tiene una tarjeta de Seguro Social. Esto permite que el empleador haga los aportes de dinero correspondientes al Sistema Nacional de Jubilaciones. Toda persona mayor de dieciséis años en los Estados Unidos tiene su número de Seguro Social, el cual comúnmente se utiliza para identificar a la persona. Usted deberá obtener su tarjeta ¡aun cuando no piense trabajar en los Estados Unidos! Por esta razón, la Oficina de Seguridad Social les da un número (generalmente un número para no-trabajadores) a todos los estudiantes extranjeros que han decidido residir en los Estados Unidos, independientemente de cuánto tiempo vayan a permanecer en el país. Usted necesitará este número como documento de identificación y ya le explicaremos cómo obtenerlo más adelante en este libro. Mientras tanto, tiene otras tareas por cumplir. Recuerde guardar la solicitud de autorización para cobrar cheques y rellénela tan pronto como obtenga: 1) teléfono, 2) permiso de conducir, y 3) tarjeta de Seguro Social.

Repasemos cómo utilizar el cajero automático *(ATM card)* con su PIN (Número de Identificación Personal), el cual es secreto y sólo usted debe conocer.

1) Tome su tarjeta ATM e introdúzcala en de la ranura correspondiente.
2) Presione los números correspondientes a su número de PIN.

3) Cuando aparezca la pantalla siguiente, presione el botón *"Withdrawal,* luego *"checking account),* luego *"amount".* Finalmente, indique la cantidad que quiera sacar y si todo en la pantalla es "Correcto". Espere. Primero saldrá el dinero y luego un comprobante. La máquina le preguntará si desea realizar otra operación; presione "No". La máquina devolverá su tarjeta mientras emite un sonido muy persistente. Si por alguna razón el sistema no funcionó bien la primera vez, haga un segundo intento. Pero recuerde NUNCA INTENTAR DEMASIADO. Si lo hace, la máquina "tragará" su tarjeta creyendo que usted es un ladrón y tendrá que ir al banco para recuperarla.

EQUIPO PARA EL APARTAMENTO

Después de que su solicitud para alquilar el apartamento haya sido aceptada, es tiempo de comprar lo necesario para equipar el apartamento. Necesitará comprar o alquilar una cama y un colchón, un sofá, sillas para la sala, una mesa y sillas para la cocina. Quizás le gustaría una cómoda para el dormitorio y, probablemente, un escritorio.

Recuerde que en los Estados Unidos es posible conseguir *muebles usados* a muy buen precio, en comparación con comprar todo nuevo. Simplemente busque en las páginas amarillas de la guía de teléfonos en el rubro "Used Furniture" (Muebles Usados). Otra posibilidad es alquilar muebles, pero esto resulta más caro puesto que deberá pagar un alquiler mensual por cada mueble

142

individualmente. No olvide que cuando llegue el momento de mudarse podrá revender sus muebles usados prácticamente al mismo precio que los compró. Lo cual significa que habrá usado los muebles durante uno o dos años prácticamente sin costo alguno, excepto por el trabajo y el tiempo que le llevó conseguirlos. Casi siempre hay tiendas "Good Will" cerca de las universidades. Es buena fuente de muebles y otros artículos usados en buen precio

Una vez hechos los arreglos para que los muebles más grandes sean entregados en su apartamento, tendrá que pensar en una cantidad de artículos más pequeños que son necesarios para organizar la casa y realizar las tareas del hogar. A continuación incluimos una lista de artículos -- algunos más y otros menos importantes-- que generalmente se consideran necesarios. Consulte un diccionario y luego dibuje los objetos en los espacios correspondientes.

Debe decidir en cada caso si el artículo mencionado es plural o singular. Si es singular, debe preguntarle al vendedor:

Una cosa:

Do you have a/an..............................?

¿Tiene un/una…………………………....?

Más de una cosa

Do you have any………………..?

Do you have some…………………..?

¿Tiene _____?

El vendedor o vendedora dirá sí o no, y probablemente le indique el lugar donde se encuentran los artículos que usted está buscando.

Después de haber comprado artículos pequeños para su apartamento, quizás quiera salir a buscar artículos más grandes o muebles como los que enumeramos a continuación:

Tal vez ahora ha llegado el momento de comprar algunos electrodomésticos para su habitación o departamento. Una vez más le sugerimos ir al centro comercial más próximo. Pero, antes de salir a comprar, busque en el periódico local y también lea las carteleras y el periódico que se edita en el campus. Generalmente allí encontrará los precios más convenientes pues es frecuente que otros estudiantes vendan equipos usados.

En caso de que esté interesado en artefactos nuevos, busque los anuncios de ofertas y descuentos que se publican en el periódico.

ROPA

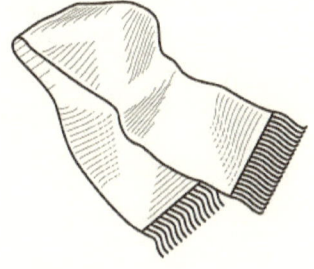

Es muy fácil comprar ropa en los Estados Unidos porque la mayoría de los negocios tienen "auto-servicio". Simplemente elige lo que le gusta, se lo prueba, y lo compra. Busque los lugares de ofertas en el periódico local o busque el centro comercial más próximo a la universidad. A continuación encontrará una lista de las prendas de ropa

145

que le pueden interesar. Es muy posible que usted encuentre lo que busca sin necesidad de ayuda, pero si un vendedor o vendedora se ofrece a ayudarlo, puede decir:

-*I'm looking for a* _____.
-Estoy buscando un/una _____.

LIST OF COLORS
(LISTA DE COLORES)

black   negro
blue   azul
navy blue   azul marino
brown   marrón
tan   habano, marrón claro
khaki   caqui
cream   crema
green   verde
olive   verde oliva
grey   gris
orange   anaranjado
pink   rosado
red   rojo
purple   púrpura
maroon   granate
rust   color ladrillo
silver   plateado
turquoise   turquesa
violet   violeta

white   blanco
yellow   amarillo
light   claro
dark   oscuro

LIST OF FABRICS
(LISTA DE TIPOS DE TELAS)

corduroy   pana
cotton   algodón
denim   tela de vaqueros o jeans; mezclilla
flannel   franela
gabardine   gabardina
lace   encaje (puntillas)
leather   cuero
linen   hilo o lino
nylon   nailon o nilón
poplin   popelín/popelina
rubber   goma
rayon   rayón
silk   seda
suede   gamuza
terrycloth   felpa, tela de toalla
velvet   terciopelo
wool   lana

SALESPERSON: What about this?

AGENTE DE VENTA: ¿Qué le parece éste/ésta?

YOU: Do you have a lighter/darker shade?

USTED: ¿Tiene un tono más claro/oscuro?

SALESPERSON: *Well, let's see. How about this one. This/These is/are lighter/darker.*

VENDEDOR/A: Veamos. ¿Qué le parece éste/ésta? Este tono es más claro/oscuro.

YOU: *I'd like it the same shade as this.*

USTED: Me gustaría un tono igual a éste que está aquí. (Señala otra prenda que tiene exactamente el color que usted desea.)

SALESPERSON: *I think we have that here.*

AGENTE DE VENTA: Creo que aquí hay una/uno de ese color. (Saca otra prenda de la estantería.)

YOU: *What's the material?*

USTED: ¿Qué tela es?

YOU: *Is it machine washable?*

USTED: ¿Se puede lavar en lavarropas?

SALESPERSON: *They should be hand-washed or dry-cleaned.*

148

AGENTE DE VENTA: Estas prendas deberían lavarse a mano o hacerles limpieza en seco.

YOU: Oh, that's too bad. I need something I can throw in the washing machine.
USTED: Mm, muy complicado. Necesito algo que pueda poner en el lavarropas.

SALESPERSON: Well, what about this/these? They're/It's synthetic and wrinkle resistant.
AGENTE DE VENTA: Entonces, ¿qué le parece éste/estos? Es fibra sintética y no se arruga.

YOU: Good. May I try them/it on?
USTED: Está/Están bien. ¿Puedo probármelo/s?

SALESPERSON: Sure. The fitting room is just over there.
AGENTE DE VENTA: Seguro. Allí está el probador. (Señala hacia el probador.)

(Entra al probador y se prueba la prenda. Si se tratara de zapatos, busque un asiento en el salón y camine sólo sobre la alfombra.)

149

SALESPERSON: How do they/does it fit?
AGENTE DE VENTA: ¿cómo le queda?

YOU: I think a little too loose/tight/long/short.
USTED: Creo que me queda un poco grande/ajustado/largo/corto.

SALESPERSON: Try these on for size.
AGENTE DE VENTA: Pruébese estos a ver si le quedan bien.

YOU: Yes. It's/They're much better. I'll take them.
USTED: (Se prueba otra talla) Sí, mucho mejor. Llevo estos.

SALESPERSON: Will there be anything else?
AGENTE DE VENTA: ¿Puedo ofrecerle algo más?

YOU: No. Not today, thank you. Where can I pay for them?
USTED: No, gracias. Esto es todo por hoy. ¿Dónde se paga?

SALESPERSON: At the counter over here/there. Will this be charge or cash?

AGENTE DE VENTA: En este/aquel mostrador. (Se dirige al mostrador.) ¿En efectivo o lo cargo a su cuenta?

YOU: Cash.

USTED: Efectivo. (Entrega el dinero.)

SALESPERSON: Thank you. Here's your receipt. Have a good day.

AGENTE DE VENTA: Gracias. Aquí está su recibo. Buenos días. (Le alcanza una bolsa con su compra.)

YOU: Thank you. You too.

USTED: Gracias. Buenos días.

TRÁMITES VARIOS

CÓMO OBTENER SU TARJETA DE SEGURO SOCIAL

Ahora que ya ha solucionado el tema de la vivienda y el teléfono, llegó el momento de obtener su tarjeta de Seguro Social ya que se la pedirán para muchos trámites durante su permanencia en los Estados Unidos.

Toda persona que reúne los requisitos para solicitar empleo en los Estados Unidos debe tener un número de Seguro Social (y usted reúne los requisitos legales para trabajar dentro del campus, o bien podría ser contratado por el *college* o universidad de acuerdo con la categoría que le asigna su visa F-1). El propósito de la tarjeta de Seguro Social es crear una cuenta de seguro social en la cual, si usted está empleado, se aporta dinero de su salario a un fondo de seguro social el cual, a su vez, será utilizado para reintegrarle el dinero cuando usted se jubile. Este fondo fue creado para ayudar a sostener a las personas jubiladas.

Debe concurrir al Centro Internacional y allí solicitar al consejero para los estudiantes extranjeros que le dé una carta que certifique que su categoría es estudiante F-1 y que usted reúne los requisitos para solicitar empleo. Lleve esta certificación al Edificio Federal de la ciudad donde se encuentra la universidad a la cual usted concurre. Busque la Oficina de Seguridad Social dentro de ese edificio. Una vez allí, vaya a la ventanilla y pida un formulario para solicitar su tarjeta. No olvide llevar sus formularios oficiales, I-94 e I-22, junto con el pasaporte.

CÓMO OBTENER UN PERMISO DE CONDUCIR
(y la tarjeta de identificación de no conductor)

Obtener un permiso de conducir en los Estados Unidos es muy útil incluso si no piensa conducir nunca. Esto es así porque el permiso de conducir se utiliza en muchos lugares como prueba de su identidad. Cada vez que desee utilizar un cheque para hacer compras en una tienda, alquilar un automóvil, o retirar dinero del banco, le solicitarán el número de su permiso de conducir, y la persona que controle su identificación le pedirá ver la fotografía en su permiso de conducir para asegurar la validez de su identificación.

Por ese motivo, la mayoría de los estados también ofrecen una "Tarjeta de Identificación para No-Conductores" que se obtiene dirigiéndose al mismo lugar donde otorgan el permiso de conducir: la oficina estatal del Departamento de Vehículos Automotores que se encuentra en el pueblo o ciudad de su *college* o universidad. Si no tiene planes de conducir, solicite una Tarjeta de Identificación para No-Conductores, ya que le resultará útil. Deberá hacer este trámite *después* de recibir su número de Seguridad Social.

La solicitud del verdadero permiso de conducir toma un poco más de tiempo y requiere un poco más de preparación de su parte. Primero hay que conseguir un formulario de la solicitud del Departamento de Vehículos Automotores, el DMV por sus siglas en inglés (the Department of Motor Vehicles). De ahí tendrá que dar una prueba escrita sobre las leyes y reglamentos del tránsito de su estado y pasar un

155

examen de la vista. Finalmente pasará al "road test", la prueba de su dominio práctico de manejar el vehículo.

Una vez que haya estudiado el "Manual de Conducir" y que le hayan notificado la fecha y hora de su prueba, estará listo para ser evaluado. Necesitará que le acompañe un amigo que actúe como conductor e intérprete y, por supuesto, un auto con el cual rendir la prueba. El examinador le indicará el camino a seguir, cuándo aparcar, cuando girar, etc., así que deberá ser capaz de comprender órdenes simples como: "deténgase aquí", "doble allí", "tome la próxima a la derecha', y otras.

Si no logra aprobar el examen escrito o la prueba de manejo, se le dará otra fecha para que rinda el examen nuevamente. No deberá pagar ningún costo extra, y tendrá más tiempo para leer y practicar el manejo del automóvil. El examinador decidirá la fecha del nuevo examen, dependiendo del tiempo que considere que usted necesita para estar listo para aprobar el examen. En general, la nueva fecha será entre dos semanas y un mes después de la primera prueba.

Cuando haya completado su prueba de manejo, deberá regresar a la oficina para la prueba de visión y para que lo fotografíen.

VISITAR A MÉDICO O ENFERMERO/A

Mantenerse saludable en los Estados Unidos es muy importante tanto para su éxito académico como para vencer la fatiga que produce el "choque cultural". De todos modos, si usted es como la mayoría de los estudiantes los problemas de salud que enfrentará por cambiar de ambiente físico-cultural serán mínimos. El cambio en la dieta alimentaria puede provocar problemas digestivos durante un breve período. Los cambios climáticos pueden causar resfríos, dolor de garganta y resecamiento de la piel. No se preocupe. Estos ajustes son normales y siempre encontrará asistencia en el centro médico del campus. Es por este motivo que su ficha médica es tan importante y que debe registrarse temprano en el centro médico de su campus, incluso antes de inscribirse para las clases.

CÓMO INSCRIBIRSE EN LOS CURSOS

El *college* o universidad le asignará un consejero que lo guiará en la tarea de seleccionar cursos y preparar su horario de actividades académicas. Sin embargo, antes de elegir los cursos regulares, tendrá que hacer una serie de pruebas para determinar su nivel de inglés. Hay varios exámenes que se utilizan para determinar el nivel de competencia en lengua inglesa, uno es el TOEFL (*Test of English as a Foreign Language* /Examen de Inglés como Lengua Extranjera). Generalmente se pide un puntaje de más de 500 para los alumnos de la primera etapa de la carrera y más de 525 para los cursos de posgrado. No obstante, hay universidades que exigen 550-600 puntos.

Después de rendir el examen en el centro de exámenes en su campus, tendrá una entrevista con un consejero quien decidirá si usted debe tomar cursos de ESL (Inglés como Segunda Lengua) hasta que su puntaje sea lo suficientemente alto como para inscribirse en los cursos regulares, o si ya está en condiciones de inscribirse en los cursos regulares. A continuación transcribimos una típica conversación en la que el entrevistado, que ha cursado el programa ESL durante un semestre, aspira a comenzar con los cursos regulares. Procure conocer el vocabulario necesario para responder todas las preguntas que hace el consejero. Escriba sus respuestas en los espacios correspondientes.

Diálogo - Entrevista de un alumno/alumna que ingresa. Presentamos este intercambio en los dos idiomas para que vea usted los términos frecuentes en tales entrevistas académicas. Debe buscar el significado de cualquier expresión que no entiende bien. El mismo texto en español le ayudará también.

USTED entra a la oficina del Consejero de Lengua Inglesa.
ADVISOR: Hi! Come in. Have a seat right over here. How are you and how do you think you did on the TOEFL?
CONSEJERO: Hola. Pase. Siéntese aquí. ¿Cómo se siente y cómo le parece que le fue en el examen de inglés?

ADVISOR: Okay. So, that's the TOEFL score. But when we are making recommendations, these are based not only on the TOEFL score, but also on individual teacher evaluations. Let's see what they say. Hmmm ... Oh, that's good. Good. Look under four and five. You see "academic potential" and "academic readiness"? What do you think it means, "To be ready"?
CONSEJERO: Bien. Ése es el resultado del TOEFL, pero cuando hacemos un informe para recomendar a un alumno, éste no se basa únicamente en el resultado del TOEFL sino también en las evaluaciones que hizo cada profesor. Veamos qué dicen. Mm... Ah, el informe es bueno. Está bien; mire los puntos cuatro y cinco. ¿Ve aquí "potencial

académico" y "buena disposición para lo académico"? ¿Qué cree que significa "tener buena disposición"?

ADVISOR: What is written here tells me whether or not you can attend regular undergraduate or graduate courses.
CONSEJERO: Lo que dice este informe me permite decidir si usted está o no en condiciones de asistir a los cursos universitarios o de posgrado.

ADVISOR: Okay. Well, according to these teacher's evaluations, they feel that your reading is excellent, your speaking is excellent, and your listening and reading skills are also excellent. So these evaluations are all excellent, which means that it looks as if you could take a Transitional English course along with a couple of regular courses. The Transitional Course is for students who still need some help with English, but really have finished ESL. I'm recommending two courses. Next, you'll have to take this paper to the Director of International Admissions. He'll arrange everything. Do you know where his office is?
CONSEJERO: Bien. Según las evaluaciones de los profesores, ellos opinan que su nivel en lectura y en conversación es excelente, y que su capacidad para

161

escuchar y leer en inglés también es excelente. Es decir que la evaluación es excelente, lo cual significa que usted podría hacer el curso de inglés de Transición y, al mismo tiempo, inscribirse en algunas materias de los cursos regulares. El curso de Inglés de Transición es para aquellos estudiantes que aún necesitan cierta ayuda con el idioma pero que en realidad han finalizado el curso ESL (Inglés como segunda lengua). Le recomiendo dos cursos. Ahora debe entregar este papel al Director de Admisiones Internacionales y él hará los arreglos correspondientes. ¿Sabe dónde está su oficina?

ADVISOR: Thank you. Well, good luck. Come and visit us from time to time.
CONSEJERO: Gracias. ¡Buena suerte! Vuelva a visitarnos cada tanto.

162

AUTOMÓVILES

CÓMO ALQUILAR

Llegado a este punto, posiblemente esté interesado en alquilar un automóvil para comprar provisiones, para recorrer el área, o para comenzar a buscar alojamiento fuera del campus si es elegible para ese tipo de vivienda. En algunas áreas de los Estados Unidos puede ser una tarea simple, pero en otras áreas necesitará bastante dinero, cheques de viajero, o una tarjeta de crédito. Veamos primero la forma más sencilla.

Ubique la agencia de alquiler de automóviles más cercana a su campus. En la mayoría de los casos será la de más fácil acceso y la que mejor conozca las necesidades de los estudiantes extranjeros.

Necesitará su Permiso de Conducir Internacional y el número de su identificación de estudiante otorgado por la Oficina Administrativa y de Pagos de su *college* al momento de abonar sus aranceles.

Deberá ingresar a la agencia, dirigirse al mostrador, y decir:

YOU: Hi. I would like to rent a car for two days.
USTED: Hola. Quisiera alquilar un automóvil por dos días.

RENT-A-CAR PERSON: Sure. What kind of car would you like?
ENCARGADO DEL ALQUILER: De acuerdo. ¿Qué clase de automóvil le interesa?

YOU: The cheapest. I just need some reliable transportation.

USTED: El más económico. Sólo necesito un automóvil confiable.

RENT-A-CAR PERSON: Our sub-compacts are the most economical.
ENCARGADO DEL ALQUILER: Nuestros automóviles subcompactos *son los más económicos*.

YOU: Fine. I'll take one for two days.
   USTED: Muy bien, tomaré uno por dos días.

RENT-A-CAR PERSON: Ok. If you decide you want it for additional days, come back and pay the additional days at the end of the second day.
ENCARGADO DEL ALQUILER: De acuerdo. Si decide quedárselo por más días, regrese y pague los días adicionales al concluir el segundo día.

YOU: OK. USTED: De acuerdo.

RENT-A-CAR PERSON: Now, I need your driver's license.

ENCARGADO DEL ALQUILER: Ahora necesito su permiso de conducir.

YOU / USTED: (entréguele al encargado su Permiso de Conducir Internacional).

RENT-A-CAR PERSON: What is your student number?
ENCARGADO DEL ALQUILER: ¿Cuál es su número de estudiante?

RENT-A-CAR PERSON: And your passport number.
ENCARGADO DEL ALQUILER: ¿Y su número de pasaporte? (Aunque no todas las agencias lo solicitan, es mejor ir preparado).

RENT-A-CAR PERSON: Do you want insurance?
ENCARGADO DEL ALQUILER: ¿Quiere tomar el seguro? (Nota: en algunos estados el seguro es OBLIGATORIO. En otros estados es opcional. Es conveniente comprar SIEMPRE un seguro como protección, sea o no obligatorio).

166

CARRO PROPIO:

En algunas partes del país hay buen mercado para carros usados. Si sabe algo de mecánica o puede hacerse aconsejar con un amigo, podría pensar en comprar su propio carro. No se olvide que habrá el gasto adicional para seguros para cubrir los gastos de cualquier accidente.

Pero no se meta a carro si no lo va a utilizar mucho. Para unos viajes cortos al mes, es mejor alquilar.

EN LA GASOLINERA

Al acercarse a las islas de surtidores en la estación de servicio, verá carteles en las paredes de los surtidores donde se lee *"Self Serve"* (Auto Servicio) y *"Full Serve"*.(Con Servicio). El surtidor de *"Self Serve"* es aquel donde usted mismo deberá cargar su combustible (autoservicio). En el *"Full Serve"* un empleado de la estación de servicio se dirigirá a su automóvil y despachará el combustible y otros artículos que necesite.

La diferencia entre los surtidores *"Full Serve"* y *"Self Serve"* es que el *"Full Serve"* en general tiene un costo extra por galón. Los precios de la gasolina difieren sustancialmente entre los distintos estados dependiendo de la carga fiscal, y entre los distintos pueblos dependiendo de la disponibilidad. Por ejemplo, en áreas más remotas la gasolina es más cara. Si atraviesa grandes distancias en el oeste de los Estados Unidos, asegúrese de llenar el tanque de gasolina en un pueblo con suficientes estaciones de servicio. No espere a encontrarse en un pueblo a 100 millas de distancia de todo.

(Asegúrese de conocer de antemano de qué lado se encuentra la boca del tanque de gasolina). Un empleado se acercará a su ventanilla y le preguntará *"How many?"* (¿cuántos galones de combustible?) o *"How much"* (¿cuánto quiere abonar?), o *"Fill'er up?"* (¿Lleno el tanque?). En la mayoría de los casos puede responder *"Please fill it up"* El empleado también preguntará *"Check the oil?"*, a lo cual se puede responder *"Yes"* o *"No"*. (Si el vehículo es alquilado, ya le han revisado el aceite y los otros fluidos). El empleado entonces le dirá el costo y usted le dará el dinero.

Si va al área de *"Self Serve"*, usted mismo deberá cargar el combustible. Deberá dirigirse al surtidor, retirar la manguera, en algunos casos seleccionar el octano que desee, y comenzar la carga introduciendo la manguera en el tanque de combustible de su automóvil, y presionar hasta que alcance el monto deseado. En muchos casos deberá abonar por anticipado. En tales casos, deberá dirigirse al empleado que se encuentra en la caja registradora de la estación de servicio (dentro del edificio o en una ventanilla) y pagarle al contado o con una tarjeta de crédito el monto de compra deseada. Regrese al surtidor, comience la carga como se explicó anteriormente, y el surtidor se apagará automáticamente cuando alcance la suma de combustible abonada. En este punto, vuelva a colocar la manguera en el surtidor, cierre la tapa de su tanque de combustible, suba a su auto y salga del lugar. (Si utilizó una tarjeta de crédito, regrese al interior del local y firme su recibo, y luego abandone el lugar).

TIEMPO DE ESPARCIMIENTO

El tiempo de diversión y esparcimiento es una parte muy importante de su experiencia en el exterior. Debe tratar de participar en actividades de este tipo ya que esto contribuirá a su comprensión de la lengua inglesa y de la cultura norteamericana. Esto no significa que las actividades deben limitarse a actividades literarias o de alto nivel artístico. Las telenovelas que se ven durante el día (comedias dirigidas a las amas de casa que están haciendo tareas domésticas) son un excelente recurso para aprender inglés coloquial. Otro tanto puede decirse de las comedias y los programas de la tarde así como las muy populares series de "policías y ladrones" *("cops and robbers")*. Los noticieros son otro recurso importante para comprender mejor el idioma y la sociedad en la que ahora usted está participando. De modo que mire mucha televisión. No se preocupe si no entiende todo lo que dicen. Progresivamente, entenderá más y más. Un error frecuente es encender el televisor cuando uno llega a los Estados Unidos, mirar las imágenes, y al comprobar que uno no entiende nada, pensar "Esto es demasiado difícil para mí" y apagar el televisor. ¡Nunca haga tal cosa! Por supuesto, le resultará muy difícil a su llegada a los Estados Unidos pero a medida que escuche más y más, asociará lenguaje y acciones, y se dará cuenta de que entiende y cada vez le resultará más fácil entender todo lo que escuche. ¡NO SE RINDA!

Preste atención a la gran cantidad de canales y todas las opciones disponibles. Los "canales de aire" son las grandes cadenas que pueden verse sin necesidad de estar conectado a la televisión por cable. El segundo grupo importante es el de los "canales de cable"; se necesita estar conectado al cable para poder verlos. Si usted vive en un apartamento, seguramente tendrá a su disposición los canales de aire y la conexión de televisión por cable. Por último, están los "canales pagos" *(Pay stations)* que son canales que muestran películas y por los cuales debe pagar una cuota mensual a la compañía de cable. Las películas de largo metraje en estos canales son, sin lugar a dudas, un muy buen recurso como entretenimiento y, además, una excelente oportunidad para desarrollar su manejo del idioma. Las estrellas que se colocan al lado del título de la película significan lo siguiente: una estrella, mala; dos estrellas, regular; tres estrellas, buena; cuatro estrellas, excelente.

Otro recurso importante para progresar en su dominio del inglés es ir al cine. En los Estados Unidos todas las películas tienen una calificación, de modo que usted puede saber qué tipo de película es antes de verla. La letra "G" *(General)* significa que la película es apta para todo público, incluidos los niños. Las letras "PG" *(Parental Guidance)* significan que los padres deberían guiar en cuanto a la decisión de ver o no la película, y "PG13" significa que quizás la película no es conveniente para niños/niñas menores de trece años. La letra "R" corresponde a películas cuya temática, lenguaje e imágenes están dirigidos a adultos, y la letra "X" está reservada para películas pornográficas.

La televisión y el cine no son los únicos medios de progresar en el manejo de la lengua y el conocimiento de la nueva cultura; existen otras actividades culturales que también contribuirán a acercarlo a esta cultura. En el periódico local verá que se anuncian toda clase de actividades desde muestras de artesanías hasta obras de Shakespeare en el teatro. En las páginas siguientes encontrará varios eventos y actividades. Vea de qué trata cada uno de ellos y responda las preguntas.

VIAJES Y PASEOS

Además de la televisión, películas y conciertos, otro modo excelente de estudiar inglés y APRENDER SOBRE LA NUEVA CULTURA es a través de viajes y paseos. Los viajes para ampliar su comprensión del área no necesitan ser demasiado extensos. Se recomiendan los viajes, excursiones y paseos de un día. Estos viajes desarrollan sus conocimientos porque necesitará comprender mapas, guías de viaje, y la información sobre los puntos de interés que visita. Cuando vaya obteniendo confianza y se incrementen sus deseos de viajar, podrá explorar cada vez con mayor profundidad los Estados Unidos.

Lo mejor para conocer los Estados Unidos es viajar en automóvil, autobús o tren. Si viaja en automóvil debería unirse a un club de viajes o club de automóviles. El club le dará mapas, guías, información sobre destinos y atracciones turísticas, e incluso le ofrecerá servicios de reservas en hoteles y moteles. Además, los clubes de automóviles le indicarán las rutas y autopistas más convenientes, detallando las salidas exactas que debe tomar para evitar los caminos en obra y llegar a destino en poco tiempo. Debería buscar un club de automóviles local (puede ubicarlo consultando las páginas amarillas) y unirse a la organización antes de comenzar sus viajes en automóvil. Le dirán todo lo que necesite saber respecto de diferentes lugares de interés.

Si no posee un automóvil, o si prefiere no tomarse la molestia de manejar, los autobuses son una excelente opción. No sólo son confortables, económicos y puntuales, también ofrecen excelentes oportunidades de conversar con americanos. Practicará su inglés mientras viaja, sobre todo si le gusta viajar solo. Es altamente recomendable. El mapa que se incluye ilustra las rutas típicas de una línea de autobús. Hay otras líneas de autobús que ofrecen servicios en las mismas ciudades, de modo que viajar en autobús es sencillo.

VIDA SOCIAL Y CÓMO HACER NUEVAS AMISTADES

Lo primero que debe tener presente al llegar a los Estados Unidos y recorrer la ciudad o el campus es que no es necesario hablar inglés a la perfección para iniciar una conversación y conocer gente. La gran mayoría de los norteamericanos se esforzarán por entenderlo y tratarán de ayudarlo con las palabras que usted no pueda recordar de manera inmediata. Lo primordial es INTENTAR comunicarse, sin importar cuán lento y difícil pueda parecerle. Recuerde que le resulta más difícil a usted que a la persona que lo escucha. Así que salga de su habitación y converse con las personas que encuentre en la cafetería, en el campus y, especialmente, en el vecindario donde se encuentra la universidad. Descubrirá muchas cosas interesantes si sale, investiga, y CONVERSA.

Uno de los lugares más apropiados para iniciar una conversación es la cafetería de su universidad. Mire a su alrededor y vea si hay alguien comiendo solo. Cuando vea a alguien con quien le gustaría conversar, vaya con su bandeja hasta esa mesa e inicie una conversación de la siguiente manera:

DIÁLOGO

> Una buena manera de practicar el inglés es, cuando estás en el comedor y ves a alguien sentado solo en una mesa, no seas tímido! Acércate y pregunta si se puede sentar en su mesa. De ahí, puedes iniciar una conversación y hacer un nuevo amigo.

YOU: Excuse me. Is this place taken?

Disculpa. ¿Está ocupado? (Señalando la silla o el lugar que están vacíos)

YOU: Do you mind if I sit here?
¿Puedo sentarme aquí?

YOU: (Toma asiento). I hope I'm not bothering you.
Espero que no te moleste compartir la mesa.

YOU: It's just that I'm new here in this country and I'm just getting to know the college.
Lo que pasa es que hace poco que llegué a los Estados Unidos y recién estoy conociendo el *college*.

STUDENT: Where do you come from?
¿De dónde eres?

YOU: I come from ………… Have you ever been there?
Yo soy de ……………….¿Has estado allí alguna vez?

STUDENT: No. The farthest I've ever been is ………………
No. Lo más lejos que viajé es a ……………….

178

YOU: Then you were born in this state and grew up here?
Entonces ¿naciste y creciste aquí, en este estado?

STUDENT: Yeah. Lived here all my life.
Sí. He vivido siempre aquí.

YOU: Why did you choose this school to study at?
¿Por qué elegiste esta universidad para tus estudios?

STUDENT: It has a good reputation in .... That's what I want to major in.
Tiene buena reputación en ...., y ése es mi campo de especialización.

YOU: My major is .... Do you think the school is good for that?
Yo quiero especializarme en .... ¿Te parece que esta Universidad tiene buen nivel en ese campo?

YOU: So, with your major, what are you aiming for after graduation?
Entonces, con tu especialización, ¿qué piensas hacer de la graduación?

179

STUDENT: I'll probably become a ....

Probablemente seré ....

YOU: That sounds exciting.

Eso parece emocionante.

STUDENT: So, what is the first thing you'll do after you graduate?

¿Cuál es la primera cosa que va a hacer después de graduarse?

STUDENT: By the way, my name is.........
What's yours?

Por cierto, mi nombre es................ ¿Qué es el tuyo?......

YOU: My name is ....
Me llamo......................

STUDENT: Is that a common name in your country?

¿Es nombre común en su país?

STUDENT: Well, I've got to go. Nice talking with you. I'll be late for class. Bye for now.

Bueno, me tengo que ir. Un placer hablar contigo. Voy a llegar tarde a clase. Adiós por ahora.

Tenga en cuenta que cuando se está hablando con otros estudiantes mientras espera en una cola en la cafetería o en otras partes, la conversación puede ser breve. Tal vez el estudiante estadounidense pondrá fin a la conversación abruptamente. Este comportamiento brusco puede ser molesto para los estudiantes internacionales nuevos a la cultura estadounidense para quienes sería considerado grosero en algunas culturas. Pero se dan cuenta que los estudiantes siempre tienen un horario que deben ajustarse y llevan vidas muy ocupadas. Esto no quiere decir que ellos no quieren hablar con usted. Sólo se sienten que tienen que estar a horario. Recuerde, la puntualidad es importante en la cultura de América del Norte: "El tiempo es dinero." Los americanos, incluyendo los estudiantes, están condicionados a seguir el reloj siempre para seguir adelante.

Otro Rato....

*STUDENT: All my hardest courses meet today. All three of
them. What a workout!*
Hoy día me tocan mis clases más difíciles. ¡Qué duro!

*YOU: Yeah. For me too, today is always a bummer. My
head is in a spin. I can't think any more.*
Sí. Para mí también, hoy es siempre un fastidio. .Mi
cabeza está en una vuelta. No se me ocurre nada más.

STUDENT: What we need is some time for relaxation.
Lo que necesitamos es un poco de tiempo para relajarnos.

YOU: I think so too. How about a movie tonight?
Yo también lo creo. Qué tal una película esta noche?

STUDENT: I can't. Got to study for a quiz

tomorrow. Anything good playing?

No puedo. Tengo que estudiar para un examen mañana.

¿Dan algo bueno?

Nota: Por lo general, con "dates" o "make a date" se refiere a una reunión entre miembros del sexo opuesto para ir a cenar, al cine, bailar o lo que sea. Para hacer una cita de negocios, el término es: "make an appointment." Por ejemplo, tengo que hacer "an appointment" para el dentista o una reunión de negocios. Usted no le pediría a su asesor académico "to make a date."

Al fijar una fecha para ir a cenar o a ver películas o de otras formas de entretenimiento, el hombre por lo general

---

YOU: *Yeah, I think so. There's a good movie showing*

over near the mall.

Sí, Creo que sí. Hay una buena cerca del centro

comercial.

STUDENT: I heard that was good.

He oído que es Buena.

YOU: It starts at.............., We'd have to leave here

by ....

STUDENT: *How about Friday? That's better for me.*
¿Qué tal el viernes? Eso es mejor para mí.

YOU: *En realidad eso es probablemente mejor para mí, también. How about the cafeteria. I'll eat before the movie.*
¿Qué tal nos encontramos en la cafetería. Voy a comer antes de la película.

STUDENT: *Okay. I'll join you, Let's eat together at the cafeteria around say, 6:00?*

Está bien. Voy contigo. Vamos a comer juntos en la cafetería en .... digamos, ¿a las 6:00?

YOU: Great. See you then!
¡Perfecto! Nos vemos entonces.

¡Adelante!

Esperamos que este libro te haya proporcionado unas pauta que te ayudarán encarar una serie de situaciones en los Estados Unidos.

Debes recordar siempre que tendrás éxito cuando puedas reaccionar a lo que la vida universitaria te ponga por delante. No es cuestión de aprender "frases útiles" sino de ensayar la actividad requerida antes de ponerla en práctica en la vida real.

Las frases incluidas como necesarias fueron estrictamente limitadas al nivel de supervivencia. Para más ayuda puedes acceder al sitio WEB:

http://www.InglesParaLatinos.com/IPA.htm que contiene una tabla de todos los sonidos del inglés, palabras muestras representativas, y los símbolos fonéticos correspondientes.

Ojalá que la práctica del lenguaje te ayude a lograr tu objetivo en el mundo real. Por lo tanto, sin miedo y ¡adelante!

185

Puede adquirir este mismo libro en:

https://www.createspace.com/6037795

Los siguientes libros también podrían serle útiles:

Ten Plays for the ESL/EFL Classroom by Gary B. Carkin, Catherine-Ann Day, and Denis Hall ISBN 0-9749143-0-4
Ten short, humorous plays suitable for intermediate through advanced students, classroom tested and proven to be effective for pronunciation, vocabulary development, listening and speaking.

Ten MORE Plays for the ESL/EFL Classroom by Gary B. Carkin ISBN 0-9749143-1-2
Ten short, humorous plays suitable for intermediate through advanced students, classroom tested and proven to be effective for pronunciation, vocabulary development, listening and speaking.

Escucha y Habla Inglés:
Claves de Gramática y Pronunciación del Inglés
Da unas claves a la pronunciación y gramática del inglés, con acceso a su sitio web con grabaciones de todos los sonidos del inglés.

....

IMPRESO:
http://www.createspace.com/1000240042

DIGITAL:
http://1.guacuru1.pay.clickbank.net/

■■■■■■■■■■■■■■■■■■■■■■■■■■■■■■

ESL and Adult Learners of English
CAN WRITE RIGHT!
Para explicaciones claras y sencillas de los puntos álgidos del idioma inglés, con ejercicios sobre todas los puntos de la gramática, todos con respuestas. (Ojo! en inglés)

IMPRESO:
http://tinyurl.com/ncyufe7

DIGITAL:
http://www.bookslibros.com/writing.htm

www.ingramcontent.com/pod-product-compliance
Lightning Source LLC
Chambersburg PA
CBHW050444290526
45786CB00006B/2157